Cómo Desarrollar una Estrategia de Trading Rentable

Por qué Deberías Hacer lo Contrario de lo que
la Mayoría de Traders Intentan Hacer

Traducido del inglés al español por Carlos Parra

Heikin Ashi Trader

SPLENDID ISLAND

Tabla de Contenidos

Parte 1: ¡Haz Lo Contrario de lo que La Mayoría De Traders Intentan Hacer! 4

    1. Lo que los traders pueden aprender de los sistemas automáticos de trading 4

    2. Haz lo Contrario de lo que Afirman los Libros de Trading 10

        Afirmación 1: Corta tus pérdidas y deja correr tus ganancias 11

        Afirmación 2: Trata de Lograr Una Buena Relación Riesgo-Recompensa 15

        Afirmación 3: Simplemente Necesitas una Tasa de Aciertos de 33.33% 17

    3. Apunta a una Alta Tasa de Aciertos 22

    4. Por qué las Estrategias de Trading con una "Buena" RRR Generalmente no son Exitosas 29

    5. Elogio de la Orden Take Profit 32

    6. Elogio de la Entrada Automática 36

Parte 2: Una Estrategia de Trading con un Precio Objetivo Pequeño 39

    Prueba 1: El Futuro sobre el Bund Alemán, Estrategia de Cruce de Medias Móviles 41

    Prueba 2: E-Mini, Estrategia de Cruce de Medias Móviles 54

Prueba 3: E-Mini, Estrategia de Cruce de Medias Móviles con Parámetros Ajustados 61

Conclusión 76

Glosario 78

Más libros de Heikin Ashi Trader 85

Sobre el Autor 91

Sello Editorial 92

Parte 1: ¡Haz Lo Contrario de lo que La Mayoría De Traders Intentan Hacer!

1. Lo que los traders pueden aprender de los sistemas automáticos de trading

Los traders entran a negociar los mercados financieros sin otro motivo que acumular puntos, tics y pips. Tantos como sean posibles y tan rápido como sea posible. Todo lo demás es un simple pasatiempo y un análisis innecesario. Por lo tanto, los traders necesitan un método, un sistema que les permita hacer exactamente eso: acumular pequeñas ganancias de forma permanente, las cuáles se van convirtiendo a la larga en una suma considerable en la cuenta.

El trading no se trata de analizar los mercados financieros e intentar pronosticar los precios futuros. Como regla general, la mayoría de los traders que utilizan este enfoque fracasan. Quieren entender el mercado, pero mi larga experiencia me ha enseñado que uno simplemente no puede entender el comportamiento de los mercados financieros. Hay demasiados actores con diferentes intenciones – y todos negociando al mismo tiempo – que empujan el precio arbitrariamente de un lado hacia el otro.

Es por esto que el primer paso hacia el éxito en el trading implica comprender este concepto: los traders no pueden entender el comportamiento del mercado. Como resultado, no pueden analizarlo, y ciertamente no pueden predecirlo. Sé que hay todo un ejército de analistas intentando lograr esta hazaña, pero estos analistas simplemente satisfacen la necesidad del público por estudios, comparaciones y explicaciones, ya sean de naturaleza fundamental o técnica.

Estos modelos explicativos pueden funcionar por un tiempo, pero siempre llega el momento en que comienzan a arrojar pérdidas. El resultado es, por supuesto, que el trader se siente frustrado y trata de analizar sus operaciones pasadas (¡una y otra vez!). O peor aún, intenta optimizar su sistema.

En el peor de los casos, emprende la búsqueda por esa nueva estrategia que finalmente le ayude a conseguir el éxito deseado. Esta búsqueda por la estrategia perfecta es en realidad una actividad bastante habitual en la comunidad de traders, una actividad siempre infructuosa. Estos traders siempre ponen su esperanza en algo nuevo, y siempre terminan decepcionados. Pueden tener éxito de vez en cuando, pero un nuevo golpe desafortunado en el mercado invariablemente los hace regresar de nuevo a esta ineficaz búsqueda.

La mayoría de los mercados financieros que conozco son tan eficientes que parece casi imposible vencerlos. Obligan al trader a rendirse. Por lo tanto, muchas personas abandonan la búsqueda, se frustran y empiezan a difundir el falso rumor de que no se puede ganar dinero en el mercado de valores.

También he recorrido este camino doloroso y he estado a punto de darme por vencido. Fue solo cuando empecé a mirar los sistemas automatizados de trading con mayor detalle que comencé a ver el trading bajo una luz muy diferente. Después de años de intentar controlar la actividad a través del análisis técnico (en vano), ahora he aprendido una forma mucho más sobria y práctica de analizar las transacciones bursátiles.

Si crees que tomar este paso puede ser algo excesivo para ti, te pido confianza y paciencia. No tienes que poner tu trading en piloto automático, ese no es el propósito de este libro. Simplemente me gustaría utilizar algunos ejemplos concretos para mostrar lo que he aprendido del trading automatizado. Con esto, espero que también tengas la oportunidad de observar tu trading desde una perspectiva completamente diferente.

Hoy en día existen numerosas plataformas de negociación que también permiten a los no profesionales realizar pruebas de testeo simples (backtesting). Un ***back test*** es un método a través del cual el trader puede evaluar y cuantificar la eficiencia de una estrategia comercial antes de probarla en el mercado. Esto le muestra en segundos los resultados obtenidos si hubiera implementado esta estrategia en el pasado.

El trader no solo obtiene los resultados de los miles de intercambios simulados por ordenador, sino también un exhaustivo análisis estadístico de la prueba. Estos datos le revelan en detalle si hubiera valido la pena utilizar tal estrategia. Espero sea evidente por sí solo que una estrategia de trading que no ha funcionado en los últimos diez años, probablemente no funcionará en los próximos diez (aunque hay excepciones).

Si, por otro lado, el trader tiene una idea que ha funcionado muy bien en los últimos diez años, entonces hay buenas posibilidades de replicar este resultado en los próximos diez años. No es algo garantizado en un 100%, pero las posibilidades son en cualquier caso mejores si el back test es positivo.

Tener acceso a este tipo de información es muy importante para mí antes de empezar a trabajar con una estrategia de trading. Si el trader está seguro de la confiabilidad de su idea, podrá negociar con más confianza. Esto es especialmente importante cuando las cosas no van tan bien. Cualquiera que tenga experiencia en este negocio sabe que tales períodos ocurren con mucha frecuencia.

Por esta razón, me gustaría alentar a los lectores que aún no están familiarizados con los sistemas automáticos de negociación a que los prueben. Puedo asegurarles que valen la pena. Yo también, durante mucho tiempo, me rehusé a hacerlo. En primer lugar, porque no soy muy bueno con las matemáticas. En segundo lugar, porque no entiendo mucho sobre software, y siempre espero que los programas instalados en mi PC funcionen sin problemas. Si no lo hacen me vería obligado a llamar a soporte técnico, algo que es cierto para la mayoría de las personas.

Sin embargo, al mantenerme alejado de estos sistemas automatizados dejé de recibir conocimientos muy valiosos sobre cómo funciona realmente el trading. Hoy puedo decir con total certeza que mi carrera de trading habría sido mucho más eficaz y la curva de aprendizaje mucho más rápida si hubiera tenido acceso a este tipo de *insights* cuando apenas comenzaba en este negocio.

Además, ahora existen magníficos programas disponibles incluso para los principiantes o aficionados, ya que es completamente posible testear ciertas estrategias sin la necesidad de conocimientos sobre programación. No hay nada que te impida usar el trading automatizado, incluso si no tienes la intención de confiar dinero real a un programa informático.

En última instancia, si no funciona, tu bróker está a tu disposición para ayudarte. No lo olvides: la tarea de un bróker es apoyarte para que puedas negociar, ya que es así como gana dinero. Los corredores de tu firma estarán encantados de ayudarte en caso de que tenga problemas con un back test o con la configuración de una plantilla de negociación. He utilizado los servicios de mi bróker varias veces en este sentido, y él siempre me ha ayudado generosamente y sin cargo. Cada vez que pedí ayuda, aprendí algo nuevo sobre el trading automatizado.

Sería incluso mejor si tienes a alguien en tu círculo de conocidos que esté familiarizado con dichos programas. Si conoces a tal persona, te recomiendo invitarla a cenar. Es una inversión que vale la pena. También puedes unirte a un club de traders o a un grupo de Internet que se ocupe de este tema, el cual se discute en detalle en innumerables foros. Encontrarás verdaderos profesionales aquí y allá y que gustosamente te ayudarán si tienes alguna pregunta.

Como dije antes, no escribí este libro para convencerte de las ventajas de los sistemas automáticos de trading. Estos sistemas también presentan desventajas. Pero siempre puedes ingresar tus operaciones manualmente y decidir cuándo deseas operar y cuándo no. Simplemente me gustaría señalar las ventajas que la negociación automática brinda al "trader manual".

El trader que dirige su negocio manualmente puede aprender una cantidad infinita de información de aquellos traders más familiarizados con las operaciones automatizadas. Por ejemplo, puede aprender a pensar sobre su actividad de una manera mucho más objetiva y, por lo tanto, actuar de forma más racional. Sobre todo, puede aprender a preguntarse menos "cómo funciona el mercado" y averiguar más sobre "cómo funciona el trading". El lector comprenderá lo que quiero decir en los próximos capítulos.

2. Haz lo Contrario de lo que Afirman los Libros de Trading

El éxito en cualquier negocio a menudo ocurre cuando haces lo contrario que la mayoría. Creo que esto habla por sí solo. Sin embargo, la mayoría de los traders que conozco actúan en contra de este razonamiento. Quieren que los llamados "traders exitosos" les digan lo que se supone que deben hacer. Luego tratan de imitar estas estrategias o incluso negociar de la misma manera que ellos. Como regla general, esto no conduce al éxito deseado.

Quiero repasar en este libro algunas afirmaciones clásicas de la literatura comercial e ir en la dirección opuesta de lo que estos consejos bien intencionados sugieren. No insinúo que el lector deba hacer lo mismo, ya que mi propósito no es dar recomendación alguna. Cada trader es responsable de su propio negocio y de su propia suerte. Sin embargo, espero que gracias a este experimento mental el lector pueda confrontar sus viejas ideas y confirmarlas, o desafiarlas y concebir una nuevas. Tal vez esto le permita entender su propio trading de una manera diferente.

Afirmación 1: Corta tus pérdidas y deja correr tus ganancias

La primera afirmación o recomendación clásica que me gustaría desafiar es la muy famosa *"corta tus pérdidas y deja correr tus ganancias"*. Todo trader conoce este decreto. Es casi como el mantra oficial de casi todos los libros sobre el tema. A primera vista, no hay mucho para desafiar; ciertamente tiene sentido que para ganar dinero en la bolsa de valores un trader debe perder lo menos posible y ganar tanto como pueda.

Sin embargo, pongo este principio en tela de juicio especialmente cuando se trata de operaciones a corto plazo o de day trading. Si nos fijamos muy bien en el trasfondo de esta máxima encontraremos que proviene de un lugar muy específico, es decir, desde la mente del seguidor de tendencias. Los seguidores de tendencias son traders cuya filosofía se centra en observar las acciones y los mercados en tendencias de largo o de mediano a largo plazo.

Como resultado, estos traders siempre intentan identificar la tendencia en una acción o en un mercado, para posteriormente comprarla. Luego tratan de permanecer en ella el mayor tiempo posible hasta que su sistema indique que la tendencia ha terminado. Es así como ganan dinero. Esta es la razón por la que dicen: "deja correr tus ganancias". Simplemente siguen la tendencia mientras existe. Este es un comportamiento claro y racional.

Desafortunadamente, este método no siempre funciona. A veces, un seguidor de tendencias compra un mercado que se está moviendo en una dirección determinada solamente para verlo detenerse. El trader está negociando una posición que no le reportará ningún beneficio. No pierde nada, pero tampoco gana nada. Solo pierde su tiempo.

También puede suceder lo contrario de lo que el seguidor de la tendencia espera. Apenas ha comprado, el mercado gira y la posición comienza a perder dinero. Es por esto que la primera parte de la recomendación es limitar las pérdidas. Tan pronto como una posición entra en pérdida, el trader debe cerrarla y asumir la menor pérdida posible. Por lo tanto, debe estar dispuesto a sufrir pequeñas pérdidas repetidamente.

No es para nada obvio que el mercado vaya en la dirección deseada en el momento en que el trader lo ha comprado. En realidad, este caso es más la excepción que la regla. La regla es que primero irá en la dirección no deseada. La dificultad, entonces, es determinar si el trader está lidiando simplemente con una corrección temporal a la que no debe prestar mucha atención, o si este es el comienzo de un giro real en el mercado. Sin importar cuál de los dos escenarios ocurra, la regla establece: corta tus pérdidas. Por lo tanto, el seguidor de tendencias debe cerrar la posición, ya sea que su evaluación sea correcta o no.

Según mi experiencia, solo un pequeño grupo de traders mantiene la disciplina en estos casos. Aunque la recomendación se basa en una observación y experiencia real, es difícil de cumplir. Esta es también la razón por la cual muchos seguidores de tendencias han automatizado completamente su sistema. El ordenador decide cuándo comprar y vender.

Tan importante y correcta como es esta regla para los seguidores de tendencias, es de poca utilidad en el day trading o en el trading a corto plazo. Debido a que la negociación diaria generalmente se realiza en base a una cuenta apalancada, el seguimiento de tendencias es raramente útil aquí. Si planeas permanecer semanas o meses en una operación, los costos de financiamiento que el bróker te cobrará excederán por mucho cualquier rentabilidad esperada.

Los problemas en el day trading, los cuales estoy constantemente descubriendo, son a menudo el resultado de que la mayoría de los traders lamentablemente han tomado prestada su filosofía de trading de los seguidores de tendencias. Por lo tanto, también están tratando de maximizar sus ganancias y minimizar sus pérdidas. Esto suena lógico y racional, pero es algo difícil de implementar en el trading diario.

Si estudias gráficos intradiarios, verás de lo que estoy hablando. A menudo el mercado se mueve lateralmente por unas pocas horas en un rango estrecho, y luego se dispara explosivamente hacia arriba o hacia abajo. Esto generalmente ocurre después de que se hayan publicado datos económicos importantes. Puedes ver claramente que los participantes del mercado están esperando ansiosamente por estos datos. Sin embargo, dado que no está claro en qué dirección ocurrirá el movimiento, es difícil predecir la dirección del precio en función de cualquier análisis.

Muchos traders también han evaluado correctamente la dirección del mercado, pero aun así pierden su posición, ya que el mercado primero corre en la dirección opuesta y activa su stop loss, sacándolos del juego. Esto sucede porque han colocado sus stops muy cerca de la acción del mercado, ya que quieren "limitar sus pérdidas", de acuerdo al mantra de los seguidores de tendencias. Con el tiempo van acumulando muchas operaciones de pérdida, y las pocas grandes operaciones de ganancia no son lo suficientemente grandes como para generar un beneficio al final de la semana.

Afirmación 2: Trata de Lograr Una Buena Relación Riesgo-Recompensa

La filosofía del seguidor de tendencias es aún más específica cuando se trata de la relación riesgo-recompensa (RRR). Esta relación indica cuánto puede (o se supone que debe) arriesgar un trader para obtener un rendimiento determinado. El buen trading – según el mantra repetido por la mayoría de los gurús de trading – funciona con RRR altos. Por lo tanto, a menudo ves que se requiere una RRR de 1: 2 o incluso 1: 3 para la negociación a corto plazo.

Esto significa que si el trader arriesga 50 tics o pips (distancia del stop al precio de entrada), el precio objetivo debe ser de al menos 100 tics o pips. Por ejemplo, si compras el futuro del Dow Jones a un precio de 18,000 puntos y colocas un stop protector 50 puntos más abajo, en 17,950, entonces el precio objetivo debe ser de al menos 18,100 puntos.

Por lo tanto, un trader que haya comprado el Dow en 18,000 puntos tendrá que esperar a que en realidad el mercado suba a 18,100 puntos en las próximas horas. Quizás realmente suceda. La realidad, sin embargo, es que antes de que el buen Dow favorezca al trader subiendo a 18,100, primero descenderá a 17.950 puntos y sacará su posición del mercado. El Dow no hace esto para molestar al trader, simplemente lo hace porque es así como funcionan los mercados. El mercado siempre va a tender a engañar la expectativa del trader.

Tan lógico y matemáticamente correcto como es el requisito de muchos gurús de trading sobre las relaciones de riesgo-recompensa, la realidad será muy diferente si el trader trata de operar de esta manera. No es fácil lograr un retorno de 100 puntos o pips con un riesgo de 50, por más deseable que sea. Se hace aún más difícil si los gurús buscan obtener un RRR de 1: 3 o más. En estos casos, necesitarás algo parecido a la magia para tener éxito.

Afirmación 3: Simplemente Necesitas una Tasa de Aciertos de 33.33%

Si el trader quiere obtener un no modesto rendimiento de 100 puntos de ganancia arriesgando 50 puntos, solo necesitaría una tasa de aciertos de poco más de 33.33% para negociar de forma rentable. Solo el 34% de sus operaciones debe alcanzar el objetivo de precio para ganar dinero, por así decirlo. Esto es al menos lo que nos dicen las matemáticas. Este requisito también parece razonable. Además, todos los que se enfrentan a este requerimiento por primera vez dicen: "bueno, ¡33.33% es realizable! ¡Incluso lo puedo hacer mejor!"

La realidad es que el trading es muy diferente en la práctica. Los traders que ingresan al mercado con tales expectativas a menudo están expuestos a la falta de volatilidad. El resultado es que el precio objetivo establecido de 100 pips o puntos no se alcanza en absoluto (mucho menos 150 pips). Sin embargo, el stop – que está a solo 50 puntos del precio de entrada – sí es alcanzado fácilmente. La ecuación es correcta en la teoría, pero en términos prácticos simplemente no funciona, ya que es muy difícil de poner en práctica. Por cierto, no importa si el trader trabaja con una relación de 30 - 60 o 20 - 40, las dificultades siguen siendo las mismas.

En mi opinión, el problema con este tipo de trading debe analizarse desde la premisa subyacente. Esta proviene exactamente de la recomendación ya mencionada de "corta tus pérdidas y deja correr tus ganancias". A primera vista, esta recomendación parece razonable, pero no es práctica en la realidad cotidiana del trading a corto plazo.

Por lo tanto, está claro que la falla no se debe a la disciplina del trader (como se afirma a menudo), sino simplemente al método equivocado. Incluso iría más allá y afirmaría que se debe a la filosofía comercial equivocada. Tan aconsejable y cierta como la máxima "corta tus pérdidas y deja correr tus ganancias" podría ser para los seguidores de tendencias, este consejo resulta inútil cuando se negocia en plazos de tiempo más cortos.

Es más, mi recomendación en este libro será la opuesta a la aconsejada para los seguidores de tendencias. Mi sugerencia para el trading intradía es: mantener los beneficios lo más pequeños posibles y asumir grandes pérdidas. Sé que puede sonar algo absurdo para muchos, pero es una recomendación muy efectiva cuando la testeamos a fondo y analizamos los resultados.

Mi recomendación con respecto al trading intradía es negociarlo como un scalper. Por lo mismo, prefiero tomar ganancias pequeñas de manera permanente pero no trabajar con stops ajustados. Si el trader diurno trabaja con este tipo de stops, su posición se verá expulsada del mercado frecuentemente. Esto se debe a la naturaleza de los mercados, los cuales sucumben constantemente a las pequeñas fluctuaciones.

Por lo tanto, el precio objetivo de tu posición debe ser lo más pequeño posible, de tal manera que pueda ser alcanzado de manera rápida y sin esfuerzo. El stop, por el contrario, debe estar lo más lejos posible de la acción del precio actual. Tan lejos, que bajo "condiciones normales de mercado" no pueda ser alcanzado en absoluto. Que esto vaya a suceder de todos modos, habla por sí solo. Las condiciones del mercado y la volatilidad están cambiando constantemente. Habrá movimientos exagerados ocasionales, que, por supuesto, activarán los stops situados en niveles muy alejados del mercado actual.

La premisa real de esta estrategia es que <u>el precio objetivo se logra rápida y fácilmente por las fluctuaciones naturales del mercado</u>. Qué tan rápido puede suceder esto lo ilustraré por medio de varios ejemplos en la segunda parte de este libro. Lo más importante en esta estrategia es que aprendas a entender que el trading intradía no se trata de obtener grandes ganancias. Por el contrario, quiero que mi precio objetivo sea alcanzado lo más rápido posible y luego pasar a la siguiente operación. De esta manera favorezco la consecución de muchas pequeñas ganancias.

Este enfoque tiene muchas ventajas, siendo el más importante (en mi opinión) el **factor diversión**. Ganar repetidamente tiene el poder de motivarte enormemente. Sé honesto: cómo prefieres hacer tu dinero, ¿ganando una vez y perdiendo cinco veces, o ganando nueve veces y perdiendo una vez?

Creo que la respuesta es obvia. La mayoría de la gente elegirá la segunda opción. Es pura naturaleza humana. Es por eso que estoy tratando de desarrollar una estrategia de trading que funcione acorde a esta naturaleza humana. Puede parecer más racional escoger la primera opción (algo que hacen la mayoría de libros de trading). Sin embargo, es difícil de llevar a cabo en la práctica. Créeme, lo he intentado por años.

La mayoría de traders prefieren ganar siempre (o tan a menudo como sea posible). Es por eso que te recomiendo buscar una manera de alcanzar justamente eso: una estrategia con la tasa de aciertos más alta posible. Con algunos ejemplos simples, quiero aclarar qué tan alta debe ser esta tasa de aciertos para que finalmente puedas negociar de manera rentable.

Por lo tanto, si el trader se concentra en obtener un flujo constante de pequeñas ganancias, va programando su trading (y su cabeza) con este método. Dado que está experimentando pequeño éxitos de manera permanente, se mantiene motivado para continuar y seguir ganando. Esto es de enorme importancia en el trading. Esta es una labor difícil y que presenta un gran desafío, y es por eso que el éxito constante es muy importante. Cuando experimenta poco éxito, el trader pierde rápidamente la motivación.

La segunda ventaja de los objetivos de precio pequeños refleja la realidad del mercado en sí mismo, el cual no siempre brinda la oportunidad de conseguir grandes beneficios, pero sí ofrece la oportunidad de obtener pequeñas ganancias. Es por eso que estoy a favor de este método: porque quiero un sistema que me brinde ingresos constantes y duraderos. Si estás a la caza de grandes ganancias, a menudo tienes que esperar durante días hasta que ocurra un movimiento anticipado de 100 puntos. En el mismo tiempo, mi sistema podría generar 5 o 7 puntos del mercado unas 20 o 30 veces.

Para que un sistema con objetivos de precio pequeños sea rentable, naturalmente necesitamos una alta tasa de aciertos, ya que de vez en cuando tendremos que afrontar una pérdida que reducirá nuestras ganancias. La alta tasa de aciertos es la premisa de este sistema. La necesitamos, la queremos y la buscamos. Además, satisface la necesidad natural de los seres humanos, que siempre quieren ganar. Puede que lo veas como algo irracional, pero ir en contra de la naturaleza humana siempre ha sido una de las tareas más difíciles. Por lo tanto, no debemos siquiera intentarlo.

3. Apunta a una Alta Tasa de Aciertos

Para que la premisa de nuestra estrategia sea más clara, debemos analizar más detenidamente la relación riesgo-recompensa y la tasa de aciertos. Porque si existe una **fórmula de éxito en el trading**, entonces está aquí. Quien comprenda la interacción entre estos dos índices puede desarrollar una fórmula de negociación adaptada a su propia personalidad. Por esta razón, queremos examinar algunas fórmulas más de cerca.

Si un trader se ciñe a la filosofía del seguimiento de tendencias, por supuesto que identificará tendencias en todos lados. Este operador considera las fases laterales más como "patrones de continuación" que como "ruido sin sentido". Dado que está enfocado en las tendencias, por supuesto buscará las grandes ganancias. En la relación entre riesgo y beneficio, este trader se centrará en el beneficio, y en los mercados de tendencia, esperará incluso mayores ganancias.

Por lo tanto, con respecto a la fórmula de éxito, elegirá relaciones de riesgo-recompensa altas, de por lo menos 1: 3 o más. Ilustremos mediante un ejemplo lo que esto significa para su tasa de aciertos. Supongamos que el seguidor de tendencias realiza 100 transacciones, de las cuales solo 30 son ganadoras (una tasa de aciertos común para los seguidores de tendencias). Esto significa una tasa de aciertos de 30%. Trabaja con una relación riesgo-recompensa de 1: 3, en puntos, arriesga 100 para ganar 300.

30 operaciones ganadoras x 300 puntos = 9000 puntos

70 operaciones perdedoras x 100 puntos = 7000 puntos

Total: 2000 puntos

De acuerdo con este cálculo, nuestro seguidor de tendencias tiene un sistema de trading rentable. Aunque solo tiene una tasa de aciertos de 30%, aún obtiene un beneficio. El umbral de rentabilidad de este trader es exactamente de 25%. Esto significa que solo necesita alcanzar el precio objetivo en cada cuarta operación para alcanzar el punto de equilibrio. Comienza a ser rentable desde la operación número 26. Aquí puedes ver esto:

25 operaciones ganadoras x 300 puntos = 7500 puntos

75 operaciones perdedoras x 100 puntos = 7500 puntos

Total: 0 puntos

La baja tasa de aciertos requerida también es la razón por la cual muchos traders se sienten atraídos por esta estrategia. Su razonamiento es: *"una tasa de aciertos de 25% es fácil de lograr."* Quizás tengan razón, siempre y cuando sean capaces de lidiar mentalmente con las muchas operaciones perdedoras (hasta un 75%). Además, esas operaciones no se presentan en un ritmo soportable como pérdida, pérdida, pérdida, **ganancia**, pérdida, pérdida, pérdida, **ganancia**, pérdida, etc.

Como seguidor de tendencias puedes experimentar una serie de pérdidas de diez o más. Entonces, si has sufrido una pérdida de 100 puntos por décima vez, ¿puedes ingresar a la operación número 11 con un stop de 100 puntos sin siquiera vacilar?

La segunda reserva que tengo en contra de esta estrategia es, por supuesto, el hecho de que no es tan fácil alcanzar un precio objetivo de 300 puntos. Supongamos que el seguidor de tendencias tiene una posición en el par USD/JPY con 250 pips de ganancia. Por lo tanto, necesita "solo" 50 pips más para alcanzar el objetivo de 300 pips.

Y de repente, sucede lo inesperado. El USD/JPY cambia de dirección y sufre una corrección considerable. Unas pocas horas después la ganancia se ha reducido a 75 pips. ¿Qué haces entonces como seguidor de tendencias? mueves tu stop (en ese momento ya has cambiado tu RRR inmediatamente y "falsificado" tu sistema). Por otro lado, ¿trabajas ahora con un stop de arrastre y aceptas que el mercado detenga tu posición con un beneficio menor a 300 pips (variante probable)?

Como puedes ver, el sistema con objetivos de precio grandes parece buena idea en teoría, pero es difícil de lograr en la práctica. Esta es, en mi opinión, también la razón por la cual muchos traders fracasan en el mercado Forex. Simplemente tienen el sistema equivocado, o al menos uno que es difícil de implementar.

Todos los interrogantes sobre la gestión de stops y las estrategias de salida son el resultado del hecho de que este trader está trabajando con objetivos de precios muy grandes (a menudo inaccesibles), los cuales le exigen recurrir a ingeniosas estrategias de salida que naturalmente cuestionan su fórmula de éxito con cada cambio en los parámetros.

Por ejemplo, si no logra su objetivo de 300 pips más a menudo debido a correcciones o retrocesos del mercado, tendrá dificultades para lograr sus objetivos de negociación. Si inicialmente asumimos que esta estrategia necesita una tasa de aciertos de poco más de 25% para ser rentable, ahora debemos esperar una tasa de aciertos mucho mayor para que se cumplan los objetivos. Aquí las cosas empiezan a complicarse.

Echemos un vistazo al modelo de un trader que hace lo contrario al seguidor de tendencias. Él elige el objetivo más pequeño posible y un stop amplio. Este trader hace esto porque sigue una filosofía muy diferente a la del seguidor de tendencias. En lugar de ver tendencias en todas partes, asume que los mercados permanecerán sin ellas la mayor parte del tiempo.

En términos técnicos, esto significa que los mercados están principalmente en modo de **reversión a la media**. ¿Qué significa esto? La reversión a la media es la tendencia de un mercado a regresar a su valor promedio después de una posición extrema. Por supuesto, también hay exageraciones en el modo de reversión a la media (es decir, oportunidades en las que el trader puede obtener mayores ganancias). Sin embargo, tarde o temprano el mercado corrige estas exageraciones. El precio regresa a un rango anterior, o no surgen compradores de seguimiento después de la ruptura, por lo que el beneficio se desmorona gradualmente.

Un trader de reversión a la media ni siquiera intenta negociar estas rupturas o exageraciones (es decir, grandes objetivos de precio). Comienza con la fluctuación normal y cotidiana en el mercado y trata de recortar un poco cada vez.

Por lo tanto, estamos observando la fórmula de éxito de este trader. Supongamos que intenta alcanzar un objetivo de 10 puntos. Su stop está a una distancia segura del mercado actual, es decir, 30 puntos. Por lo tanto, arriesga 30 puntos para ganar solo 10. Sé que esto parece un sacrilegio para un gran número de traders. ¿Cómo es posible trabajar con una "relación de riesgo-recompensa negativa" y arriesgar más de lo que se podría ganar?

Sin embargo, dado que al principio de este libro comenzamos con la tesis de que a menudo tenemos que hacer lo contrario de lo que las masas están haciendo para tener éxito, tomemos en serio a este trader y profundicemos en su fórmula de éxito.

Dado que el precio objetivo es pequeño, por supuesto se logra rápida y fácilmente, contrario al objetivo del seguidor de tendencias. Tal estrategia tendría una tasa de aciertos más alta, supongamos que de 75%. Este trader también realiza 100 operaciones en nuestro ejemplo.

75 operaciones ganadoras x 10 puntos = 750 puntos

25 operaciones perdedoras x 30 puntos = 750 puntos

Total: 0 puntos

Vemos en el ejemplo que este trader necesita una tasa de aciertos de poco más de 75% para poder operar de forma rentable. Los críticos de este método argumentarán que semejantes tasas de aciertos son muy difíciles de lograr. Estoy de acuerdo, siempre y cuando los objetivos de precio también sean demasiado ambiciosos (como en la mayoría de las estrategias intradía). Si la operación puede alcanzar el objetivo fácil y rápido, entonces las tasas de 75%, 80% son factibles.

Por supuesto, seleccioné este ejemplo arbitrariamente. A lo largo de este libro presentaré una estrategia con un precio objetivo mínimo, que se basa justamente en esta premisa. Incluso podrías imaginar un ejemplo extremo. Supongamos que el trader estaría satisfecho con un precio objetivo de 6 puntos. Su stop se mantendría a una distancia de 30 puntos. En este caso, su RRR sería 6: 1, una relación extremadamente negativa. ¿Cuál crees que es en este caso la probabilidad de que la operación alcance el precio objetivo en lugar del stop? Muy alta, de hecho:

84 operaciones ganadoras x 6 puntos = 504 puntos

16 operaciones perdedoras x 30 puntos = 480 puntos

En este ejemplo, el trader debe alcanzar una tasa de aciertos de 84% para ser rentable. De nuevo, esta es una tasa de aciertos muy alta. La probabilidad de que se alcance el precio objetivo ahora es incluso mayor que con el ejemplo con una distancia de stop de 10 puntos.

4. Por qué las Estrategias de Trading con una "Buena" RRR Generalmente no son Exitosas

El lector crítico podría argumentar que es poco probable que un sistema de trading pueda alcanzar una alta tasa de aciertos de manera permanente. Siempre habrá fases en el mercado en que el stop se alcanza con más frecuencia, lo que llevará a mayores reducciones (serie de pérdidas) y una disminución en la rentabilidad general de la estrategia. Estoy de acuerdo con este razonamiento y sé que ocurrirá. No conozco ningún sistema de trading que no presente fases de reducción de capital.

Tan cierto como que siempre habrá fases de pérdida, también es cierto que los sistemas con una alta tasa de aciertos tienden a recuperarse rápidamente de las pérdidas acumuladas. Comprobaré este argumento mostrando varias curvas de capital de este sistema. Además, también surgen series de ganancias de larga duración, lo que naturalmente ayuda al crecimiento de la cuenta. En algunos casos, este sistema generó series de ganancias de más de 100 operaciones, ¡sin una sola transacción perdedora!

Hay, sin embargo, un argumento mucho más importante que habla del sistema de trading con objetivos de precio pequeños, especialmente si tienes la intención de negociar a corto plazo o intradía. Al analizar los sistemas de trading que se basan en el modelo de seguimiento de tendencias, el mercado tiene dificultades para alcanzar los objetivos de precio, o simplemente no lo logra en absoluto. Este efecto negativo naturalmente empeora la relación de riesgo-recompensa de muchas estrategias basadas en este sistema. Además, es a menudo la razón por la cual los traders que trabajan con este modelo no tienen éxito.

Sin embargo, veamos los resultados de los modelos de trading que funcionan con objetivos de precios pequeños. En este modelo hay a menudo un efecto diferente: aquí el mercado no siempre alcanza el stop, y La razón es simple: la falta de volatilidad.

Figura 1: Histograma de Rendimiento en el Futuro del Eurostoxx 50 (FESX)

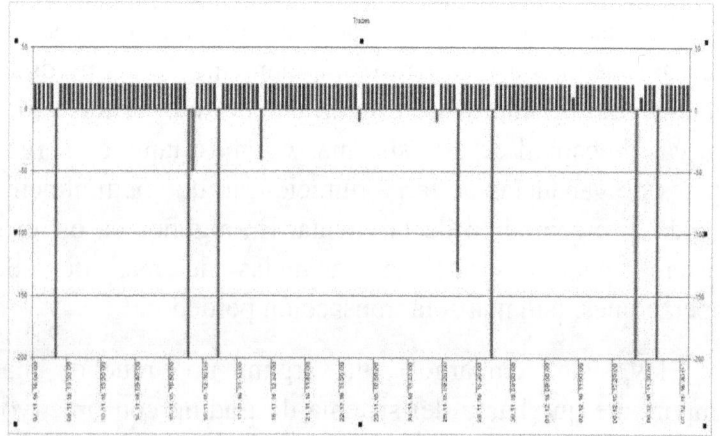

La Figura 1 ilustra este efecto. Vemos el resultado de una serie de operaciones en el futuro del Eurostoxx50. Las pequeñas barras azules en la parte superior simbolizan las operaciones ganadoras, mientras que las barras rojas largas en la parte inferior representan los intercambios perdedores. Las operaciones ganadoras fueron claramente la mayoría, lo que significa que esta estrategia tiene una alta tasa de aciertos. No fue difícil lograrla en este caso, ya que el precio objetivo era de solo dos tics. El stop estaba situado a una distancia segura de 20 tics en esta estrategia.

Si bien el mercado alcanzó el precio objetivo en la mayoría de las veces (hubo dos excepciones), activó el stop solo en seis casos. Sin embargo, el sistema sufrió otras cinco operaciones perdedoras, en las cuales no se alcanzó el stop. A diferencia del sistema de seguimiento de tendencias, un sistema intradía debe cerrar la posición antes del final de la sesión de negociación.

Sin embargo, si el mercado no siempre alcanza el stop, la relación riesgo-recompensa mejorará, ya que la pérdida total (la suma de todas las transacciones perdedoras) se reduce. Esto hace que el trader necesite una tasa de aciertos menor para alcanzar el umbral de rentabilidad. Por otro lado, el mercado generalmente alcanza el precio objetivo pequeño.

Por eso, si el efecto de los objetivos de precio reducidos disminuye la rentabilidad de los sistemas de seguimiento de tendencias, el efecto de las menores pérdidas aumenta la rentabilidad de los sistemas con objetivos de precio pequeños. Para mí, esta es una razón suficiente para echar un vistazo más de cerca a dicho sistema.

5. Elogio de la Orden Take Profit

Obtener beneficios seguramente pertenece a las actividades más placenteras y divertidas de un negocio de trading. También pertenece a las actividades necesarias de un trader, ya que este debe obtener ganancias constantemente si quiere ganarse la vida en este negocio. Sin embargo, si crees que esta es una de las cosas más simples que un trader puede hacer, te espera una gran sorpresa. Muchos traders que conozco tienen una gran facilidad para lograr beneficios con su posición, pero también una gran dificultad para cerrarla cuando están ganando. La razón es humana: la avaricia. Una vez ganas, tendrás la necesidad natural de seguir ganando. Cuando la posición está generando beneficios, tu mente cree que no hay razón por la cual no podría generar más.

Yo mismo experimenté este problema por mucho tiempo. No sabía cómo tomar las ganancias, ya que era simplemente demasiado paciente (y muy codicioso) cuando estaba en una posición ganadora. Fue solo cuando un amigo trader, con quien estaba discutiendo este problema, me dijo: "tienes que aprender a tomar el dinero de la mesa una y otra vez". Así aprendí a reclamar mis ganancias a tiempo. Sin embargo, no fue fácil.

Desafortunadamente, lo opuesto también es cierto. Las ganancias acumuladas pueden derretirse más rápido que la nieve bajo el sol. Para mí, este es motivo suficiente **para fomentar el uso de la orden take profit automatizada.**

Esta orden vende la posición después de alcanzar un cierto nivel de precio. Esto significa que el sistema transfiere automáticamente el beneficio a la cuenta del trader cuando el mercado alcanza dicho precio. Esto le permite al trader no tener que preocuparse por el desarrollo posterior del mercado. Una vez que la posición está cerrada, él está fuera del juego. Punto.

Los críticos de esta orden automática de toma de beneficios argumentan que el trader está limitando sus ganancias con ella, ya que el mercado podría subir infinitamente (o caer si el trader está en corto) y obligarlo a dejar en la mesa un gran botín. Ya he demostrado al comienzo del libro que esto sucede en los casos más raros.

Por el contrario, dado que los mercados están en modo de reversión a la media la mayor parte del tiempo, se invierten con demasiada frecuencia. Por lo tanto, sucede lo contrario de lo que el trader espera.

Es por esto que así como tiene que aprender a limitar sus pérdidas, es de suma importancia que el trader también aprenda a manejar la toma de sus ganancias. Sin embargo, si un trader opera con relaciones de riesgo-recompensa altas, esto desafortunadamente lo lleva a sobre-analizar el mercado si la operación no parece funcionar bien. Lo hace antes de la operación, durante la operación y, a menudo, después de la operación. Esta puede ser una actividad intelectualmente interesante, pero por lo general no aporta dinero.

Un trader gana dinero en el mercado solo si reclama sistemáticamente sus ganancias. Además, en mi experiencia, esto funciona mejor si automatiza este proceso para no caer en la tentación de dudar, y esto es exactamente lo que la orden take profit automatizada hace. El nombre lo dice claramente: ¡take the profit (toma los beneficios)!

Es este simple proceso el que realmente lleva el dinero real a la cuenta del trader en este negocio, nada más. Podríamos decir algo exagerado, pero no faltaríamos a la verdad: un trader es alguien que toma ganancias. Por lo tanto, el trader debe enfocar su atención y energía exactamente en esta actividad. Si no lo hace, está arruinando su tiempo y su trabajo. No lo olvides: Los traders entran a negociar los mercados financieros sin otro motivo que acumular puntos, tics y pips. De manera continua, incansable, ¡y siempre disfrutando!

Si el trader opera, como recomiendo, con objetivos de precio pequeños, el mercado alcanzará este objetivo de forma natural rápidamente. En algunos casos extremos, después de unos segundos. Si sus operaciones son cortas, su sistema producirá más operaciones que un sistema con objetivos de precio más grandes. Como resultado, el trader entra en un cierto dinamismo similar al de un scalper. Empieza a fluir con el mercado. Quienes conocen mis libros de scalping conocen las ventajas que esto produce en el cerebro de un trader. La toma constante de ganancias crea precisamente la mentalidad ganadora que necesitas para tener éxito en el mercado.

Si las operaciones toman demasiado tiempo para alcanzar el objetivo, el trader necesita mucha más distancia a la acción del precio y debe cerrar el ordenador portátil (y su smartphone) y dejar de observar el mercado. Por experiencia sé que solo unos cuantos traders (la minoría) son capaces de hacerlo. Pide a un trader con cinco aplicaciones financieras instaladas en su teléfono que no siga el mercado durante dos días. Probablemente no encuentres uno que sea capaz de hacerlo. El trading puede ser adictivo, ya que tu dinero está en juego.

Por lo tanto, te recomiendo que automatices tus operaciones o al menos trabajes de forma semiautomática mediante el uso de órdenes take profit fijas tan pronto como ingreses tu posición. Luego puedes ingresar manualmente en el mercado si así lo deseas.

6. Elogio de la Entrada Automática

Los traders a veces se preocupan demasiado por la entrada, la salida, la estrategia y el análisis técnico, pero quiero recordarles – sobre todo a los principiantes – que después de miles de operaciones, estas cosas son mucho menos importantes de lo que la mayoría podrían esperar. Los traders con experiencia, por otro lado, prestan mucha más atención a los parámetros en la consideración estadística general de un período de negociación.

Cuando el trader deja de analizar, empieza a negociar cada vez más sobre supuestos estadísticos (obtenidos por el backtesting anterior). Al hacerlo, elimina las emociones de su actividad y actúa de manera más racional. Ya lo he mencionado en mi serie de libros sobre swing trading: no hay nada en el mercado que pueda ser analizado objetivamente.

El mercado no es más que un evento caótico determinado por miles de jugadores que generalmente no actúan racionalmente. En mi opinión, el simple intento de comprenderlo solo lleva al fracaso. Tan pronto afirmas algo sobre el desarrollo futuro del mercado, otro analista presenta un buen argumento que demuestra exactamente lo contrario de lo que afirmaste hace un minuto.

En el mercado, debes jugar tu propio juego, y cuando digo "tu propio juego", ¡esto significa que **TÚ** debes determinar las reglas! Nadie más. Debes saber cuándo y por qué ingresas a una operación, dónde está tu stop y cuándo debes tomar los beneficios. Si te enfocas en estos simples, pero claros parámetros, es mucho más probable que llegues a ser parte del pequeño grupo de traders que se ganan una buena vida con este negocio. ¡Así que juega con tus propias reglas!

Un trader puede pasar mucho tiempo buscando la señal ideal de compra o venta, pero la pregunta es si debería hacerlo. Puede que de vez en cuando ingrese al mercado en el punto más bajo del día y apueste en largo en el momento adecuado. Sin embargo, ¿puede lograr esto todos los días? Creo que la respuesta es clara. Permíteme decirte que la búsqueda constante de la entrada perfecta es un problema de principiantes.

Créeme, la mayoría de los traders profesionales han automatizado el cómo y el cuándo ingresarán su posición. Si logras ir en corto justo antes de que el mercado se desplome, puede que satisfagas la curiosidad intelectual y le hagas bien a tu ego. Sin embargo, seamos honestos: ¿de verdad crees que aún tendrías esa ambición después de haber negociado durante diez años y haber realizado tus primeras diez mil operaciones?

Con respecto a la estrategia que me gustaría presentar aquí, recomiendo tanto la entrada automatizada como la orden take profit automatizada, ya que presentan muchas ventajas. Si el trader ya no tiene que preocuparse por una buena entrada y por la toma de ganancias (el sistema lo hace por él), solo queda una cosa: la gestión de las operaciones perdedoras. Es aquí donde realmente aparece el verdadero maestro.

También podrías automatizar la administración de estas operaciones perdedoras, sin embargo, hay buenas razones para no hacerlo. Los traders experimentados suelen ser mejores en la gestión de pérdida que los robots. La razón es la experiencia comercial y sobre todo, el dominio y conocimiento profundo que tienen sobre el mercado, el cual negocian todos los días.

Es por eso que recomiendo el trading semiautomático. Reúne las ventajas de la negociación automática y el trading discrecional (manual). Por ejemplo, los sistemas automáticos de negociación no saben interpretar el mercado (algo que sí sabe hacer el trader), pero tienen la capacidad de ser muy disciplinados (algo en lo que muchos traders fallan). Por lo tanto, los sistemas semiautomáticos combinan las ventajas de ambos enfoques y eliminan las desventajas, en la medida de lo posible.

Parte 2: Una Estrategia de Trading con un Precio Objetivo Pequeño

Me gustaría considerar una estrategia de trading simple en términos de rentabilidad utilizando tres back tests. En general, la literatura comercial pone un gran énfasis en la estrategia como tal. Todo trader tiene dentro de sí mismo una especie de "buscador del Grial" que algún día espera encontrar la estrategia secreta que nadie ha descubierto hasta ahora. Tal vez exista tal estrategia, pero en mis 15 años de carrera como trader nunca la encontré. Toda estrategia que he visto, negociado o probado presentan debilidades y lleva a grandes reducciones en el capital.

En lugar de centrarnos en la búsqueda inútil por la estrategia "infalible", creo que es mucho más provechoso ajustar los parámetros de una estrategia ya existente para alcanzar así nuestros objetivos financieros. Para que el trader pueda tener una visión objetiva del potencial de rendimiento de su estrategia elegida, primero debe testearla. Esto, por supuesto, lo puede hacer en una cuenta demo. Uno o dos meses de ensayo continuo le darán una idea clara de la eficacia (o no) de la estrategia.

Sin embargo, si el trader desea verificar la rentabilidad a largo plazo de una estrategia de negociación, debe primero realizar un back test para los parámetros establecidos. Esto lo puede hacer a través de un software especial que ahora se ofrece en muchas plataformas de negociación. Por lo general no tienes que comprar este software.

Al realizar un back test, consultas los datos históricos de un mercado para verificar el rendimiento de tu estrategia con los parámetros elegidos. Los resultados arrojarán un análisis estadístico con el cual puedes evaluar el rendimiento de tu estrategia. La premisa de una prueba de este tipo es, por supuesto, la suposición de que las estrategias que funcionaron bien en el pasado tienen buenas posibilidades de hacerlo también en el futuro. Lo mismo aplica para las estrategias que no han tenido un buen rendimiento. Como regla general, tampoco lo tendrán en el futuro.

Sin embargo, siempre debes tener en cuenta que el rendimiento pasado no es una garantía para el futuro. Cuando un trader prueba una estrategia en particular, quiere saber si los supuestos básicos de su sistema funcionan bajo ciertas condiciones específicas de mercado. Sólo esas condiciones y nada más. Por lo mismo, el backtesting no es perfecto. Sin embargo, el trader al menos puede darse una idea de cómo la estrategia se habría desempeñado en los últimos años si la hubiera utilizado.

Prueba 1: El Futuro sobre el Bund Alemán, Estrategia de Cruce de Medias Móviles

En aras de mantener el ejemplo lo más simple posible, he decidido usar un cruce de medias móviles (MM) como señales de trading. Este indicador se basa en la intersección de una MM lenta y una rápida. Si la MM rápida cruza con la MM lenta de abajo hacia arriba, el sistema solo abrirá posiciones largas. Por el contrario, si la MM rápida cruza con la MM lenta de arriba hacia abajo, el sistema abrirá solo posiciones cortas. Hice una primera prueba con el futuro del Bund alemán. El Bund, la palabra alemana para "bono", es un título de deuda emitido por el gobierno federal de Alemania y es el equivalente alemán de un bono del Tesoro de los EE. UU.

Figura 2: Futuro del Bund, Gráfico de 5 minutos

Para la configuración del cruce de medias móviles, elegí 24,51. La línea azul (parte superior) es la MM rápida y la línea magenta (parte inferior) es la MM lenta. En este caso, la MM azul estaba por encima de la MM magenta. Por lo tanto, el sistema solo abrió posiciones largas (flechas).

Establecí el precio objetivo en tres tics, mientras que la orden stop-loss fue de 20 tics.

Dado que el futuro del Bund estaba experimentando una tendencia principalmente ascendente durante el período seleccionado para la prueba (2006-2017), también analicé los resultados de la prueba solo para las operaciones largas. Es decir, en este caso cambié los parámetros de largo y corto a largo solamente. Esto llevó a que se mostraran los resultados de la prueba si solo se hubieran negociado posiciones largas. Los resultados fueron mucho mejores que si el sistema hubiera negociando también posiciones cortas.

Recomiendo firmemente que el trader realice este tipo de cambios menores en las pruebas. A veces obtendrá resultados sorprendentes. Descubrirá que algunas estrategias son más efectivas en un mercado determinado si se negocian solo en largo o corto. Combinar los parámetros "largo y corto" al mismo tiempo no siempre da el resultado óptimo.

En el ejemplo anterior de un día de negociación en particular, el sistema abrió diez posiciones largas. Las primeras nueve alcanzaron en su mayoría el objetivo de tres tics en 5 minutos. En este caso, la estrategia generó 30 euros nueve veces, o 270 euros en ganancias antes de las comisiones. La línea horizontal verde sobre la vela representa el precio objetivo.

Sin embargo, en la décima operación el mercado no alcanzó el precio objetivo. Después de unas horas, incluso se activó el stop-loss (línea horizontal roja debajo de las velas, flecha roja). En este caso, el sistema generó una pérdida de 20 tics, o 200 euros. El beneficio bruto para este día de negociación fue entonces:

270 (9 x 30) - 200 (1 x 200) = 70 euros

Figura 3: Histograma de Rendimiento, Futuro del Bund, de 10-12-16 a 3-1-17

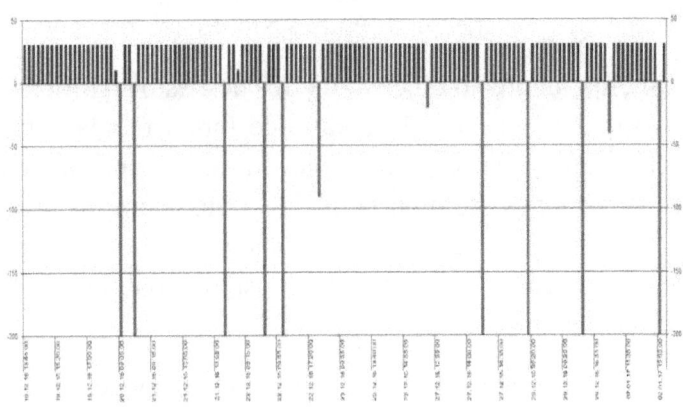

El histograma de rendimiento en la figura 2 ilustra el funcionamiento del sistema. Las barras azules pequeñas que se encuentran en la parte superior representan las operaciones ganadoras, mientras que las barras rojas en la parte inferior simbolizan las operaciones perdedoras. Como se esperaba, las operaciones ganadoras son claramente superiores en número debido al precio objetivo pequeño. El objetivo de tres tics es generalmente alcanzado.

Durante el período comprendido entre el 10 de diciembre de 2016 y el 3 de enero de 2017, el stop de 20 tics se alcanzó nueve veces, aunque también hubo tres operaciones de pérdida donde este no fue el caso. Aquí, el sistema cerró la posición antes de que el mercado alcanzara el stop. Dado que era una estrategia comercial intradía, implementé un "bloqueo" en el sistema. Esto significa que todas las operaciones abiertas se cerrarían a las 6:00 p.m. y no se abrirían nuevas operaciones. Esta medida es necesaria para proteger el rendimiento contra pérdidas innecesarias debido a las típicas brechas entre sesiones del mercado.

Si elijo un precio objetivo de tres tics, esto significa que quiero que se alcance el objetivo de forma rápida y fácil. En el ejemplo anterior, este ha sido el caso en nueve de las diez operaciones. Solo en la décima transacción incurrí en una pérdida. Si el trader hubiera negociado la estrategia de forma completamente automática, el stop se habría activado en la décima operación.

Si el trader actúa semiautomáticamente, puede limitar la pérdida tan pronto sea claro que la operación no funcionará. Aquí, un componente subjetivo entra en juego. ¿Cuándo "sabe" el trader que la operación no funcionará? Esta decisión – especialmente porque ni el objetivo ni el stop han sido alcanzados – queda a cargo de su criterio (experiencia).

Sin embargo, la estrategia está diseñada para garantizar que el objetivo se logre rápida y fácilmente, lo que ocurre en la mayoría de los casos (generalmente de 5 a 10 minutos). Si una operación aún no ha alcanzado el precio objetivo después de 30 minutos y la posición está, por ejemplo, cinco tics por debajo, es imperativo que el trader piense en limitar la pérdida. Si buscas ganancias de 3 tics en el futuro del Bund, no tiene sentido pasar más de una hora supervisando una operación que simplemente no funcionará.

Si el trader logra cerrar dichas operaciones antes de que el stop sea alcanzado, podrá aumentar significativamente su puntaje general. Puede que un movimiento rápido active el stop de vez en cuando, algo que no puede evitarse. Sin embargo, los resultados de un buen trader semiautomático generalmente serán mejores que aquellos de un sistema 100% automático. El sistema, por supuesto, continúa negociando sin consideración alguna por el mercado.

Si el trader no quiere o puede tomarse el tiempo para operar, puede confiar en otra herramienta automatizada de la gestión de riesgos: **el stop de tiempo.** La ventaja de esta parada es que cierra una operación después de un determinado período pre-establecido, por ejemplo, después 30 o 60 minutos. Es posible que un stop de tiempo también pueda evitar que el mercado alcance el objetivo de vez en cuando, pero a menudo evitará que la operación alcance el stop, una ventaja que todo trader debería considerar.

Figura 4: Resultados del Back Test del Cruce de Medias del Futuro del Bund Julio 2006 – Enero 2017

Beneficio neto total	124495.06
# total de operaciones	29069
Operaciones ganadoras	25200
Operaciones perdedoras	3869
Tasa de aciertos	86.69%
Factor de beneficio	1.20
Gan. prom/Pér. prom.	0.18
Op. prom (gan y pér)	4.28
% en el mercado	28.92%
Coef.Regg*100/Des.Est.Cap.	0.0000
Beneficio bruto	756297.06
Pérdida bruta	631802.00
Máxima op. ganadora	250.00
Prom. op. ganadoras	30.01
Prom. # de barras op. gan.	3.26
Máxima op. perdedora	290.00
Prom. op. perdedoras	163.30
Prom. # de barras op. per.	12.09
Máx. serie de op. gan.	61
Máx. serie de op. per.	5
Des. Est. todas las op.	69.96
Des. Est. op. gan.	2.79
Des. Est. op. per.	65.78
Máx. # de acc/contratos	1
Reducción máxima	5301.66
Comisión	0.00
Expectativa	0.0262
Puntaje de expectativa	0.0017
Factor de felicidad	25.50
Rendimiento/reducción	23.48
Expectación	4.28
Comienzo prueba:	18.07.06 Mar 08:00
Final prueba:	03.01.17 Mar 19:00

Realicé un back test para el período del 18 de julio de 2006 al 3 de enero de 2017, y el resultado se puede ver en la figura 3. En general, se logró un beneficio bruto de 124,495.05 euros, asumiendo que el sistema para todo el período estaba negociando un solo contrato.

Durante este tiempo, se realizaron 29,069 operaciones. Esto puede sonar excesivo, pero en un período de 10 años es alrededor de 15 intercambios por día. Con un precio objetivo pequeño también se puede esperar una frecuencia similar en un sistema de scalping.

De este total, 25,200 intercambios fueron positivos. Esto corresponde a una tasa de aciertos de 86.89%. Solo 3,869 intercambios terminaron en pérdida. Como se esperaba, la ganancia promedio por operación fue de 30 euros. Esto corresponde exactamente a tres tics de ganancia en el futuro del Bund.

Hubo algunas excepciones. La mayor ganancia por operación fue de 250 euros, o 25 tics. Esto puede ser el resultado de un movimiento rápido donde el take profit se ejecutó a un mejor precio del que el trader originalmente previó. A veces, el deslizamiento (peor o mejor ejecución de la orden) también juega en beneficio del trader.

La mayor pérdida por operación fue de 290 euros, 9 tics más que el stop fijo de 20 tics. El deslizamiento también puede ocurrir en movimientos extremos en un mercado de futuros líquido como el del Bund. Esto es particularmente cierto cuando se presentan importantes noticias económicas o notas de los bancos centrales. Si decides negociar esta estrategia, tratar de no mantener posiciones abiertas cerca de tales eventos importantes.

Es interesante la pérdida promedio por operación, que fue de 163.30. Esto demuestra que el stop-loss no siempre fue alcanzado. Esta cifra es probablemente la más importante en este análisis. Si el trader logra reducirla aún más, podría aumentar significativamente la rentabilidad de la estrategia, ya que no tiene que preocuparse por las operaciones ganadoras (a diferencia de la mayoría de las otras estrategias).

Además, la cantidad de operaciones ganadoras consecutivas es gratificante, con 61 transacciones generando beneficios, una después de la otra. Esta es precisamente la fortaleza de este enfoque. Por el contrario, la serie de pérdidas más prolongada fue de apenas 5 operaciones. Esto me parece razonable, especialmente si el trader logra minimizar esta cifra.

Como ya lo he mencionado, ningún sistema está exento de fases de reducción. Una reducción representa la pérdida máxima acumulada dentro de un período determinado. Por ejemplo, un sistema determinado puede arrojar un beneficio de 100% en un año. Sin embargo, dentro de este período bien pueden presentarse "fluctuaciones". Así, el sistema podría sufrir una pérdida de 15% en julio y agosto en comparación con el nivel de junio. En este caso, estaríamos hablando de una reducción máxima de 15%, y el trader o inversor debe entonces decidir si puede enfrentar el orden de magnitud de dichos períodos de pérdida temporal. Si no puede, debe abandonar el sistema de trading o cambiar los parámetros de riesgo para que la reducción del porcentaje sea menor.

La reducción máxima de 5301.66 euros parecía estar, para mí, en un rango manejable. En relación con el beneficio bruto de 124,495 euros, fue casi insignificante. Esto significa que el operador está en la posición afortunada de disfrutar de una estrategia que aumenta el balance de la cuenta casi continuamente sin ningún contratiempo considerable.

Hasta ahora, el resultado del back test me ha convencido. Sin embargo, mirando el **factor de beneficio** (*profit factor*) descubrí que es solo de 1.20. ¿Qué dice el factor de beneficio sobre un sistema de trading? Nos permite saber cuánto riesgo el trader está dispuesto a tomar para lograr un cierto rendimiento. ¿Cómo calculamos este factor de beneficio? Simplemente dividimos las ganancias totales sobre las pérdidas totales.

Factor de beneficio = (suma de ganancias) / (suma de pérdidas)

En nuestra prueba, esto significa:

Factor de beneficio = (756.297, 06) / (631.802) = 1.197

Aunque el sistema produce beneficios (¡el factor está por encima de uno!), se necesita un riesgo superior a la media para generar este beneficio. Arriesgamos más de

600,000 euros para obtener solo 756,297 euros en beneficios brutos, lo que implica un riesgo muy alto.

Por supuesto, esta relación desfavorable tiene que ver con el tipo de sistema de trading que he elegido. Los sistemas de trading que se basan en la filosofía de seguimiento de tendencias generalmente obtienen mayores factores de beneficio. Dado que nuestro precio objetivo es muy pequeño y el stop-loss está lo más alejado posible del precio de entrada, pareciera que arriesgamos demasiado para obtener solo un pequeño beneficio. Sin embargo, esta es precisamente la premisa de nuestro sistema, que pone un énfasis especial en la necesidad psicológica de la mayoría de traders de lograr ganancias rápidas y pequeñas.

En los círculos comerciales, un factor de beneficio de más de 2 siempre se considera como un sello de "buen trading". Está claro que esto solo se puede lograr con relaciones de riesgo-recompensa positivas de 1: 2 o 1: 3. Adicionalmente, el trader también debe alcanzar una tasa de aciertos superior a la media. El hecho de que tales relaciones solo se logren en los casos más raros suele estar muy oculto.

Mientras mi sistema sea rentable y genere ganancias continuamente, puedo vivir como un trader con un factor de beneficio de 1.20. Al fin y al cabo, todo depende de lo que esperas de tu sistema.

Creo que un problema mayor en el back test es la expectativa por operación, la cual es bastante baja, en 4.28. Esta cifra nos dice cuánto beneficio por operación podemos esperar a largo plazo (aquí, diez años). ¿Cómo se calcula la expectativa de un sistema?

Expectativa: (tasa de aciertos x beneficio promedio por operación) - ((1 - tasa de aciertos) x pérdida promedio por operación)

Expectativa: 0, 87 * 30 euros - (1-0, 87) * 163 euro = 4, 91 euro

Dependiendo del cálculo, obtengo un beneficio promedio de entre 4 y 5 euros, un beneficio previsto con esta estrategia. Aquí es donde los costos de trading entran en juego. El costo por una ronda de compra y venta en los futuros es actualmente de entre 4 y 5 euros para la mayoría de los brókeres.

Por ejemplo, si el trader paga 4.40 euros (2.20 euros por transacción) por ronda de compra y venta y tiene que pagar una comisión de $1.17, no puede negociar de manera rentable con esta expectativa de 4.91 euros. Por el contrario, perderá dinero. Esto claramente significa que aunque nuestro sistema parece ser prometedor, debemos tener en cuenta que no podemos obtener ganancias con esta baja expectativa después de la deducción de los costos.

Incluso si encuentras un bróker que te ofrezca condiciones muy favorables (menos de $1 por transacción), te resultará muy difícil negociar de manera rentable con tal expectativa. Es por lo tanto esencial que aumentemos la expectativa de nuestro sistema (o buscar otro en caso de que no logremos ser rentables). Queremos investigar la primera variante aún más, ya que no hemos optimizado nuestro sencillo sistema de cruce de medias móviles. Sin embargo, antes de pasar a la segunda prueba, veamos la curva de capital de la primera prueba de nuestro sistema de cruce de medias móviles del futuro del Bund.

Figura 5: Cruce de Medias Móviles del Futuro del Bund, Curva de Capital 2006 - 2017

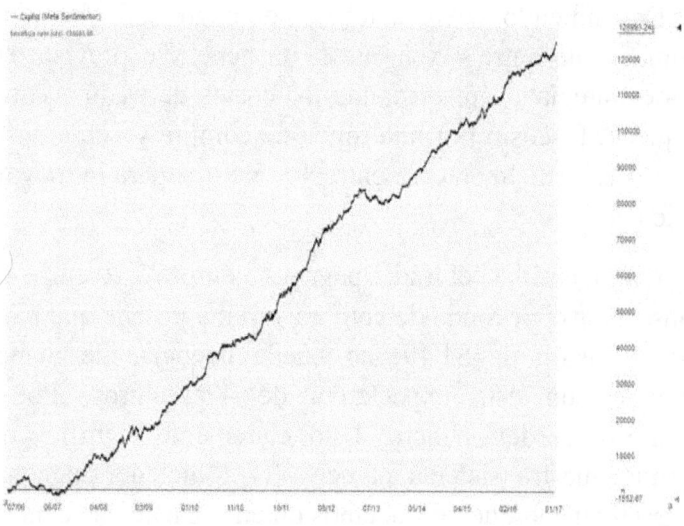

A primera vista, la curva de capital de nuestro sistema del futuro sobre el Bund se ve muy bien. Apenas hay retrocesos significativos, y las reducciones, como ya hemos mencionado, son muy limitadas. Sin embargo, dado que esta es una curva de capital que se extiende por 10 años, podemos descubrir algunas dificultades si analizamos el gráfico más detalladamente. Por ejemplo, el sistema necesitó al principio (abajo a la izquierda) más de un año para entrar en rentabilidad. Al principio, el sistema sufrió una reducción mínima que al final careció de importancia financiera, pero que igual duró más de 12 meses.

Incluso en 2013, el sistema no pudo obtener ganancias apreciables y permaneció estancado en el nivel de los 8000 euros. En retrospectiva no es un gran problema, ¿pero qué trader puede negociar un sistema por un año sin ganar un centavo y seguir siendo disciplinado sin siquiera vacilar? Así que también aquí necesitamos un sistema de trading anual que nos prometa al menos un beneficio, de lo contrario podría suceder que el trader pierda rápidamente la esperanza en su estrategia.

Sin embargo, me gustaría señalar que tales períodos en los que una estrategia particular no genera ganancias deben considerarse como normales. El trading casi nunca o nunca es un camino de un sentido único. Podemos tratar de desarrollar una estrategia que nos prometa ganancias al menos de manera anual. Sin embargo, esto no puede ser garantizado por ningún sistema. En términos de "ingresos", el trading es algo que debe analizarse a largo plazo, algo que la curva de capital claramente demuestra.

Prueba 2: E-Mini, Estrategia de Cruce de Medias Móviles

Dado que no había logrado el éxito deseado en el futuro del Bund, probé suerte en el E-Mini, el conocido futuro sobre el S&P500.

Figura 6: E-Mini, Gráfico de 5 minutos

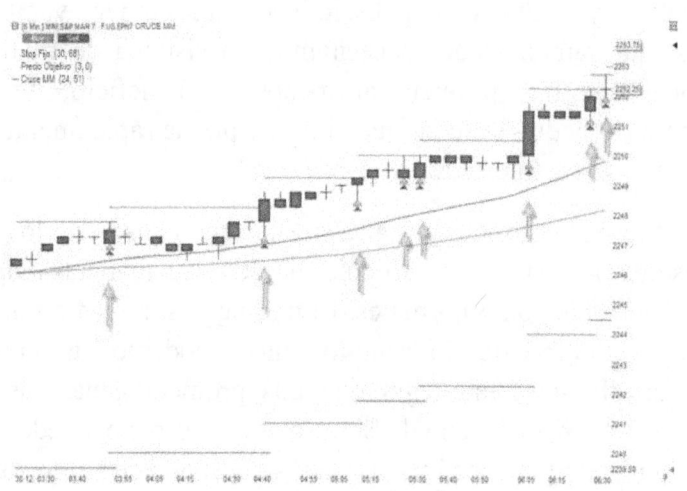

Al momento de configurar el sistema, solo realicé cambios pequeños. Dejé el ajuste de las dos medias móviles en 24.51, elegí un objetivo de tres tics para esta prueba y cambié el stop. Este lo fijé en 30 tics, una distancia adecuada en el E-Mini. También elegí configurar solo las operaciones largas, ya que el S&P500 estaba experimentando una tendencia ascendente a largo plazo (a partir de enero de 2017). La probabilidad de que los objetivos en el lado largo se alcanzaran más rápido que en el lado corto me pareció mayor.

La Figura 6 muestra cómo el sistema funciona de manera similar al futuro del Bund. El precio objetivo de tres tics se alcanzó relativamente rápido en las primeras ocho operaciones largas (flechas verdes). Si analizas las líneas horizontales rojas en la parte inferior, puedes ver que en este día de negociación ninguna posición estuvo cerca de los stops. El precio objetivo de tres tics ($37.50 por contrato negociado), sin embargo, generalmente se alcanzó en 30 minutos o menos.

Figura 7: Histograma de Rendimiento 10.12.2016 - 30.12.2016

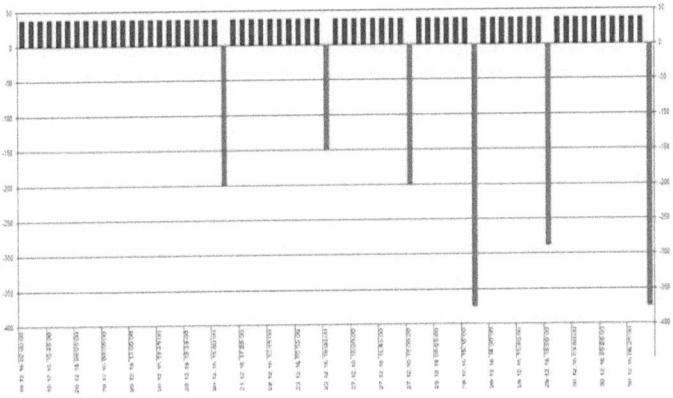

Una imagen similar se muestra en el futuro del Bund cuando observamos el histograma de rendimiento para un período de 3 semanas. La mayoría de las operaciones alcanzaron el objetivo y obtuvieron beneficios (barras azules pequeñas arriba). Sin embargo, hubo seis operaciones de pérdida durante este período, de las cuales solo dos alcanzaron el stop (correspondiente a una pérdida de $-375). Las cuatro operaciones de pérdida más pequeñas fueron canceladas prematuramente por el sistema.

Figura 8: Back Test del E-Mini, Julio 2011 – Diciembre 2016

Beneficio neto total	86662.50
# total de operaciones	16412
Operaciones ganadoras	14776
Operaciones perdedoras	1636
Tasa de aciertos	90.03%
Factor de beneficio	1.19
Gan. prom/Pér. prom.	0.13
Op. prom (gan y pér)	5.28
% en el mercado	45.77%
Coef.Regg*100/Des.Est.Cap.	0.0000
Beneficio bruto	554337.50
Pérdida bruta	467675.00
Máxima op. ganadora	225.00
Prom. op. ganadoras	37.52
Prom. # de barras op. gan.	8.45
Máxima op. perdedora	375.00
Prom. op. perdedoras	285.86
Prom. # de barras op. per.	31.83
Máx. serie de op. gan.	64
Máx. serie de op. per.	4
Des. Est. todas las op.	106.22
Des. Est. op. gan.	2.96
Des. Est. op. per.	137.64
Máx. # de acc/contratos	1
Reducción máxima	9062.50
Comisión	0.00
Expectativa	0.0184
Puntaje de expectativa	0.0008
Factor de felicidad	10.63
Rendimiento/reducción	9.56
Expectación	5.28
Comienzo prueba:	13.07.11 Mier 00:00
Final prueba:	30.12.16 Vie 22:55

El back test en el E-Mini también fue positivo. Dado que solo contamos con datos desde julio de 2011, solo hemos podido realizar una prueba durante los últimos 5 años. Después de todo, el sistema llevó a cabo 16,412 intercambios durante este período. Por lo tanto, considero que estos datos son lo suficientemente significativos estadísticamente como para darnos una idea de esta estrategia en el E-Mini.

En total, el sistema generó un beneficio de $86,662.50. Hubo 14.776 transacciones rentables y solo 1,636 transacciones con pérdida. Esto corresponde a una tasa de aciertos de 90.03%. Como se esperaba, el beneficio promedio por operación estuvo cerca del precio objetivo, a saber, $37.50. La pérdida promedio por operación estuvo significativamente por debajo del umbral de stop-loss de $375, en $285.86. La mayor pérdida en una operación fue de $375, lo que realmente habla de este mercado. El hecho de que las operaciones perdedoras no hayan mostrado deslizamiento indica el nivel de liquidez en este mercado, razón por la cual el E-Mini es tan popular entre los traders.

Después de todo, también hubo una considerable serie de operaciones ganadoras, siendo 64 operaciones la mayor de ellas. La serie de pérdidas más larga tan solo fue de cuatro intercambios. De nuevo, estas son muy buenas cifras. La reducción máxima de $9062.50 fue ligeramente superior que en el futuro del Bund, pero con respecto a la ganancia general, puedes sentirte satisfecho con este resultado.

Las cifras clave ya mencionadas en el ejemplo del Bund – el factor de beneficio y la expectativa – me prepararon una vez más para un dolor de cabeza, y la verdad es que son muy son similares en este ejemplo. El factor de beneficio también fue relativamente débil, en 1.19. Además, la expectativa o el beneficio promedio por operación es muy bajo, con $ 5,28 (flecha), como para negociar rentablemente.

Por esto tuve que realizar algunos cambios en los parámetros si quería negociar el sistema de forma rentable. Primero, veamos la curva de capital de esta prueba.

Figure 9: Curva de Capital del E-Mini, 2011 – 2016

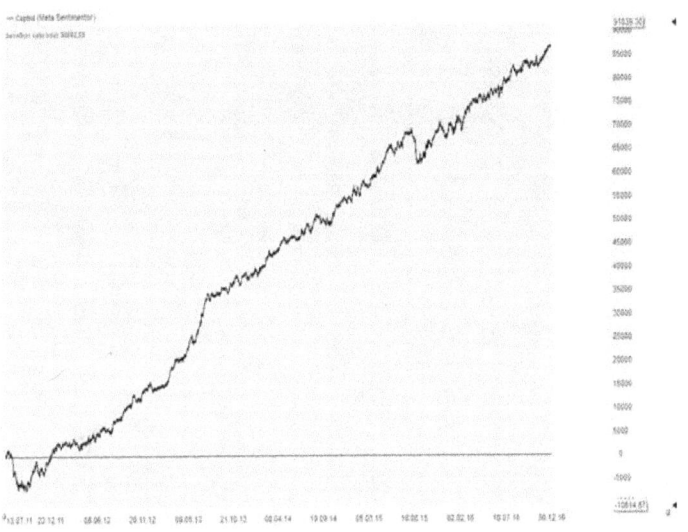

Aquí la curva de capital también parece ir en la dirección deseada. Como ya lo hemos mencionado, las reducciones fueron limitadas. Sin embargo, el sistema empezó a mediados de julio de 2011 solo con una reducción (en la parte inferior izquierda del gráfico, la línea azul es el nivel cero). Por lo tanto, pasaron algunos meses antes de que el sistema empezara a hacer dinero. Esto muestra claramente que las reducciones pueden ocurrir en cualquier momento, incluso si recién estás empezando a negociar. En 2015 sucedió nuevamente. Sin embargo, la estrategia fue capaz de recuperar las pérdidas acumuladas de manera relativamente rápida, por lo que todo transcurrió dentro de lo planeado.

Prueba 3: E-Mini, Estrategia de Cruce de Medias Móviles con Parámetros Ajustados

Para lograr un mejor resultado con esta estrategia, un buen software de trading nos permite realizar las denominadas optimizaciones sobre parámetros individuales o generales del sistema. Por ejemplo, si quiero saber si puedo obtener mejores resultados eligiendo un precio objetivo ligeramente mayor, el sistema puede llevar a cabo una prueba con esta modificación y encontrar mejores resultados eligiendo un objetivo de cinco tics en lugar de tres tics. Lo mismo aplica, por supuesto, para el stop o la configuración del indicador, el cual le proporciona las señales al sistema.

Sin embargo, el back test como tal no indica los parámetros dentro de los cuales nuestro sistema genera los resultados más estables. Si el trader está interesado en la optimización de los sistemas de trading, se puede presentar el peligro de una optimización excesiva, el llamado **ajuste de curva** (adaptar parámetros al conjunto de datos históricos). Un sistema que ha "ajustado fuertemente la curva" está adaptado óptimamente a los datos del pasado, pero generalmente falla tan pronto como el trader comienza a negociarlo en tiempo real.

Por lo tanto, la verdadera pregunta es: ¿dónde realmente comienza el ajuste de la curva? Este es un tema de nunca acabar para los desarrolladores de sistemas, razón por la cual es difícil encontrar una respuesta definitiva. Si te están tratando de vender un sistema automático de trading que parece demasiado bueno para ser cierto, es porque probablemente lo es, y debes ser al menos cauto (¡especialmente si tienes que pagar mucho dinero por él!). Desafortunadamente, muchos traders que han comprado una llamada "caja negra" que prometen el cielo y la tierra han tenido esta experiencia. Pronto se dieron cuenta de que el sistema no generaba el retorno prometido como se indicó en la publicidad.

Dado que no pretendo recomendar al lector el trading automático en este libro, no profundizaré en esta cuestión. El factor decisivo para mí fue comprobar si podía mejorar el sistema con pequeñas optimizaciones. Recuerda que ya muestra un resultado positivo sin optimización en absoluto.

Como se ha mencionado varias veces, <u>la verdadera optimización ocurre en la capacidad del trader para reconocer y minimizar las operaciones perdedoras a tiempo.</u> Si el trader logra cerrar, por ejemplo, el 30% de estas posiciones anticipadamente, se obtendría el resultado deseado.

En una nueva prueba del sistema de cruce de medias móviles en el futuro del E-Mini, he cambiado dos parámetros. El precio objetivo de las posiciones largas pasó de tres a dos tics. Los críticos de tal decisión pueden argumentar que este es un objetivo extremadamente pequeño para el cual los costos de trading ya no son proporcionales. Desafiaré esta objeción con una visión sobria de los datos.

Por otro lado, configuré el stop a una distancia casi inaccesible del mercado, concretamente a 100 tics de distancia de la entrada. Nuevamente, esta es una decisión radical que puede ser vista con malos ojos. Si solo quieres ganar 2 tics arriesgando 100 tics, estás trabajando con una relación riesgo-recompensa extremadamente negativa. Esta decisión es, por lo tanto, totalmente opuesta a lo que comúnmente se recomienda.

Esta última decisión tiene consecuencias de gran alcance. Por un lado, espero que el stop se alcance solo en casos excepcionales. Si el stop es activado, puede causar una gran pérdida, a saber, $1237.50 por contrato, lo que por supuesto afectará negativamente la curva de capital. Por otro lado, la verdadera pregunta es: ¿con qué frecuencia ocurriría tal evento, y qué significa para el crecimiento de mi curva de capital?

La única optimización que he llevado a cabo desde el sistema estaba relacionada con los parámetros del cruce de medias móviles. Hasta ahora había usado el ajuste 24, 51. Sin embargo, después de una prueba encontré que la configuración 42, 92 me brinda mejores resultados.

Figure 10: E-Mini, Gráfico de 5 minutos

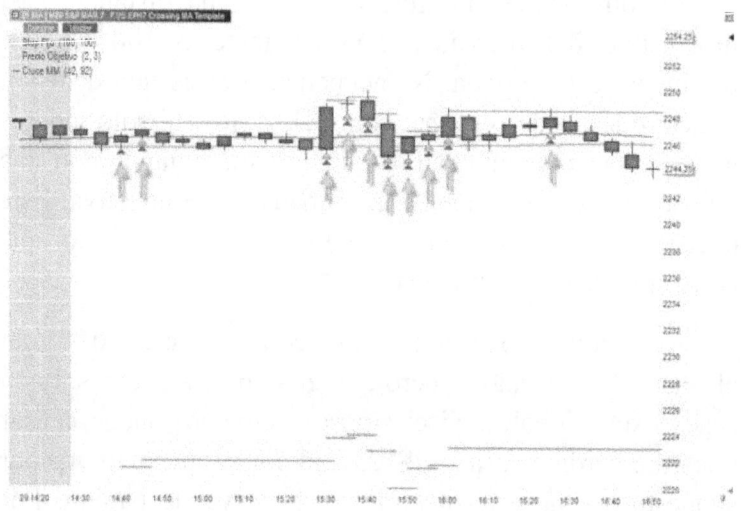

Aquí podemos ver el sistema optimizado en funcionamiento. Las líneas horizontales rojas en la parte inferior del gráfico son las órdenes respectivas de stop-loss que están a una distancia segura de la acción del precio. El día en que tomé esta captura de pantalla, ninguna de estas órdenes fue alcanzada. Se abrieron diez posiciones largas (flechas verdes), de las cuales las nueve primeras alcanzaron el precio objetivo. La décima posición larga fue cerrada por el sistema al final del día de negociación con una pérdida de 23 tics, o $287.50.

Una pérdida de esta magnitud no era necesaria en mi opinión. Después de todo, la posición permaneció abierta durante una hora y media, lo que es demasiado tiempo para este tipo de estrategia. El trader podría cerrar la posición antes y limitar la pérdida. Esto no siempre funcionará, pero sí lo hará con bastante frecuencia. Echemos un vistazo a la relación ganancia/pérdida en el histograma de rendimiento.

Figura 11: E-Mini, Histograma de Rendimiento, Diciembre 10 de 2016 – Enero 4 de 2017

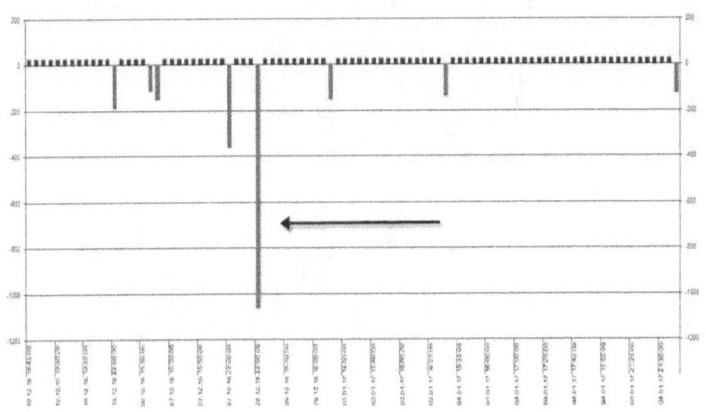

En el histograma de rendimiento del 10 de diciembre al 4 de enero de 2017, podemos observar exactamente los problemas mencionados. La gran mayoría de operaciones fueron ganadoras, como se esperaba (barras azules arriba). El trader no tiene que preocuparse por esto. Todas sus habilidades se deben centrar en la gestión de las operaciones perdedoras. Es por eso que debemos detenernos en la gran pérdida ($ 1062.50, flecha) del 28 de diciembre de 2016.

Figura 12: Operación Perdedora del 28 de diciembre de 2016

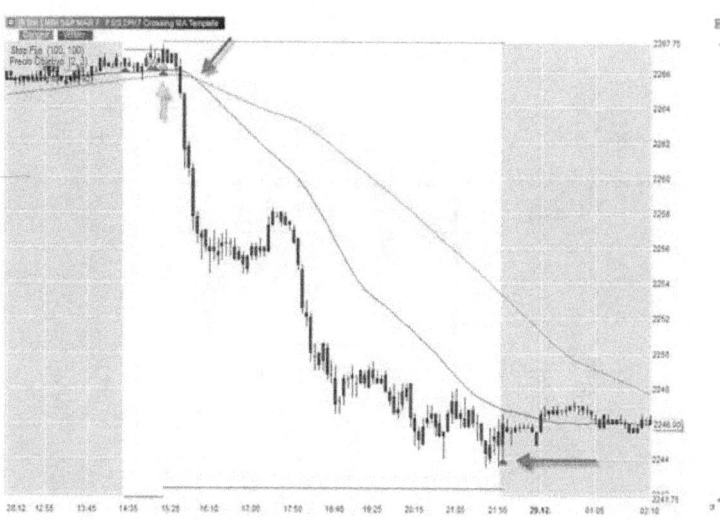

Como se muestra claramente en la tabla, la posición larga se abrió a primera hora de la mañana (primera hora de la tarde en Europa) del 28 de diciembre (flecha verde, arriba). En ese momento, el mercado todavía se movía hacia los lados y algunas posiciones largas anteriores ya se habían cerrado con éxito. Sin embargo, 15 minutos después de que se abriera la posición larga el mercado se rompió repentinamente (velas rojas en el gráfico después de la entrada), algo crucial para explicar la eventual pérdida sufrida. Además, el indicador de cruce de MM cambió de largo a corto, una situación en la que todo trader debería intervenir y cerrar la posición lo más rápido posible. La rápida reacción habría llevado a una pérdida de $200-300, en lugar de $1062.50.

Dado que un sistema totalmente automatizado no podría evaluar tal situación, la posición se habría mantenido hasta el cierre de la negociación. Por lo tanto la operación se cerró con una gran pérdida (a la baja y justo por encima de la orden stop-loss).

Por un lado, es completamente contrario a la filosofía de esta estrategia mantener una posición durante varias horas, en especial porque el precio objetivo está a una corta distancia. Por otro lado, es una muy mala gestión de riesgos la no intervención por parte del trader. Este DEBE cerrar la posición lo más rápido posible para limitar el daño. Si no puede hacerlo, entonces es mejor negociar de manera completamente automática y permitir que el sistema tome las decisiones.

La única razón para actuar semiautomáticamente es que el trader pueda alcanzar mejores resultados que en una configuración 100% automatizada, y este ejemplo muestra claramente que es posible. Incluso limitando el daño a la mitad (pérdida de $500), el resultado general del sistema mejoraría significativamente. Y ese es el punto.

Figura 13: E-Mini, Segundo Back Test 2011 – 2017

Beneficio neto total	157250.00
# total de operaciones	17144
Operaciones ganadoras	16309
Operaciones perdedoras	835
Tasa de aciertos	95.13%
Factor de beneficio	1.62
Gan. prom/Pér. prom.	0.08
Op. prom (gan y pér)	9.17 ◄────
% en el mercado	17.56%
Coef.Regg*100/Des.Est.Cap.	0.0000
Beneficio bruto	412362.50
Pérdida bruta	255112.50
Máxima op. ganadora	1225.00
Prom. op. ganadoras	25.28
Prom. # de barras op. gan.	2.56
Máxima op. perdedora	1337.50
Prom. op. perdedoras	305.52
Prom. # de barras op. per.	31.33
Máx. serie de op. gan.	129
Máx. serie de op. per.	3
Des. Est. todas las op.	103.35
Des. Est. op. gan.	11.21
Des. Est. op. per.	335.91
Máx. # de acc/contratos	1
Reducción máxima	5700.00
Comisión	0.00
Expectativa	0.0298
Puntaje de expectativa	0.0013
Factor de felicidad	30.76
Rendimiento/reducción	27.59
Expectación	9.17
Comienzo prueba:	18.07.11 Mon 00:00
Final prueba:	05.01.17 Thu 12:25

En este segundo back test con parámetros ajustados, el sistema realizó 17,144 operaciones, de las cuales 16,309 fueron rentables, lo que corresponde a una tasa de aciertos de 95.13%. El beneficio bruto fue de $157,250.00 y la ganancia promedio por operación fue de $25.28, como se esperaba. Esta es ligeramente superior que el precio objetivo de $25, lo que sugiere algún deslizamiento en beneficio del trader. La pérdida promedio por operación fue ligeramente mayor que en la prueba anterior, $305.52. La serie ganadora más larga alcanzó un espectacular número: 129 operaciones consecutivas con beneficio. Por otro lado, la serie de pérdidas más larga solo llegó a tres operaciones.

La reducción máxima se mantuvo en el rango aceptable de $5700. Esta vez, el factor de beneficio fue mucho mayor: 1.62, lo que indica que a pesar de los stops mucho más altos, este sistema es mucho menos riesgoso que el anterior. Esto parece paradójico; arriesgo 100 tics para ganar solo dos tics. Sin embargo, la prueba de este enfoque me brinda un menor riesgo. Obviamente, mi suposición de que uno debe colocar el stop lo más alejado posible del mercado para poder negociar de forma rentable es cierta. Esta es también una recomendación que va en contravía de lo que comúnmente se aconseja en la literatura comercial.

Finalmente, el sistema también logró un resultado satisfactorio en términos de ganancia promedio. Con $9.17, el valor esperado estuvo muy por encima del resultado de la primera prueba. Teniendo en cuenta el pequeño precio objetivo de 2 tics, que promete un beneficio máximo de $25 entre los ganadores, este es un buen resultado que puede ser negociado de manera rentable, incluso después de la deducción de los costos.

Una cifra clave que hasta ahora no he discutido es el llamado "promedio de barras en operaciones ganadoras", el número de velas de 5 minutos necesario para que las operaciones ganadoras alcancen en promedio el precio objetivo. Para las operaciones ganadoras, esta cifra es baja (como se esperaba): 2,56 velas. Esto significa que el la posición ganadora necesita un promedio de aproximadamente 13 minutos para alcanzar el objetivo. En el caso de las operaciones perdedoras, el número es muy diferente, ya que en promedio le toma a cada una de estas operaciones hasta 31.33 velas (alrededor de 2.5 horas) para cerrarse. Esto es claramente demasiado para el trader semiautomático. Estos datos también muestran que los resultados pueden mejorar claramente si el trader está listo para intervenir más rápidamente.

Con respecto al manejo del capital, cada trader debe decidir cuántos contratos puede manejar con dicha estrategia. Si tiene que aceptar pérdidas de más de $1000 de vez en cuando, ciertamente necesitaría una suma mayor de cinco dígitos para hacerlo de manera responsable. Si el trader logra reducir significativamente las operaciones perdedoras, la estrategia podría negociarse con sumas más pequeñas. Para tener una mejor idea de las posibles reducciones, veamos la curva de capital para este período.

Figura 14: E-Mini, Segundo Back Test, Curva de Capital 2011 – 2017

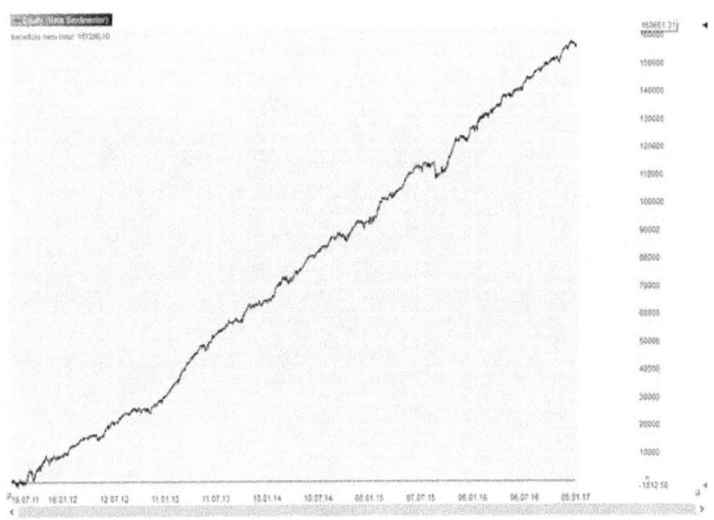

La curva de capital ahora tiene un rumbo que, en principio, todo trader siempre desea. Las reducciones son pequeñas y son corregidas rápidamente. También tuve en cuenta el pequeño descenso en agosto de 2015. Aquí, de hecho, el stop se alcanzó varias veces seguidas, lo que resultó en la pérdida de varios miles de dólares. Observando más de cerca este período en el gráfico (entre el 24 y el 28 de agosto de 2015), este fue exactamente el momento en que se produjo un pequeño crash en los índices estadounidenses. Espero que sea claro que un trader responsable no habría permanecido en una posición larga cinco veces seguidas bajo tales circunstancias.

Si te cuesta creer que se puede desarrollar un sistema de trading con una tasa de aciertos de 95% y que sea rentable a largo plazo, por favor observa las operaciones del 4 de enero de 2017.

Figura 15: Operaciones del 4 de enero de 2017

04.01.17 Miér 01:59	Largo	1	2253.25	0.00		
04.01.17 Miér 02:09	cierre Largo (Ob. de Ben. 2253.75)	1	2253.75	0.00	25.00	168212.50
04.01.17 Miér 02:09	Largo	1	2253.75	0.00		
04.01.17 Miér 02:29	cierre Largo (Ob. de Ben. 2254.25)	1	2254.25	0.00	25.00	168237.50
04.01.17 Miér 02:29	Largo	1	2254.50	0.00		
04.01.17 Miér 04:44	cierre Largo (Ob. de Ben. 2255.00)	1	2255.00	0.00	25.00	168262.50
04.01.17 Miér 04:44	Largo	1	2255.25	0.00		
04.01.17 Miér 05:59	cierre Largo (Ob. de Ben. 2255.75)	1	2255.75	0.00	25.00	168287.50
04.01.17 Miér 05:59	Largo	1	2255.75	0.00		
04.01.17 Miér 10:49	cierre Largo (Ob. de Ben. 2256.25)	1	2256.25	0.00	25.00	168312.50
04.01.17 Miér 10:49	Largo	1	2255.75	0.00		
04.01.17 Miér 10:54	cierre Largo (Ob. de Ben. 2256.25)	1	2256.25	0.00	25.00	168337.50
04.01.17 Miér 10:54	Largo	1	2256.25	0.00		
04.01.17 Miér 10:59	cierre Largo (Ob. de Ben. 2256.75)	1	2256.75	0.00	25.00	168362.50
04.01.17 Miér 10:59	Largo	1	2255.75	0.00		
04.01.17 Miér 11:04	cierre Largo (Ob. de Ben. 2256.25)	1	2256.25	0.00	25.00	168387.50
04.01.17 Miér 11:04	Largo	1	2256.75	0.00		
04.01.17 Miér 13:59	cierre Largo (Ob. de Ben. 2257.25)	1	2257.25	0.00	25.00	168412.50
04.01.17 Miér 13:59	Largo	1	2257.25	0.00		
04.01.17 Miér 14:04	cierre Largo (Ob. de Ben. 2257.75)	1	2257.75	0.00	25.00	168437.50
04.01.17 Miér 14:04	Largo	1	2257.75	0.00		
04.01.17 Miér 14:19	cierre Largo (Ob. de Ben. 2258.25)	1	2258.25	0.00	25.00	168462.50
04.01.17 Miér 14:19	Largo	1	2258.00	0.00		
04.01.17 Miér 14:29	cierre Largo (Ob. de Ben. 2258.50)	1	2258.50	0.00	25.00	168487.50
04.01.17 Miér 14:29	Largo	1	2258.00	0.00		
04.01.17 Miér 15:34	cierre Largo (Ob. de Ben. 2258.50)	1	2258.50	0.00	25.00	168512.50
04.01.17 Miér 15:34	Largo	1	2261.50	0.00		
04.01.17 Miér 15:39	cierre Largo (Ob. de Ben. 2262.00)	1	2262.00	0.00	25.00	168537.50
04.01.17 Miér 15:39	Largo	1	2259.50	0.00		
04.01.17 Miér 15:44	cierre Largo (Ob. de Ben. 2260.00)	1	2260.00	0.00	25.00	168562.50
04.01.17 Miér 15:44	Largo	1	2259.50	0.00		
04.01.17 Miér 15:49	cierre Largo (Ob. de Ben. 2260.00)	1	2260.00	0.00	25.00	168587.50
04.01.17 Miér 15:49	Largo	1	2260.25	0.00		
04.01.17 Miér 15:54	cierre Largo (Ob. de Ben. 2260.75)	1	2260.75	0.00	25.00	168612.50
04.01.17 Miér 15:54	Largo	1	2261.50	0.00		
04.01.17 Miér 16:04	cierre Largo (Ob. de Ben. 2262.00)	1	2262.00	0.00	25.00	168637.50
04.01.17 Miér 16:04	Largo	1	2262.00	0.00		
04.01.17 Miér 16:09	cierre Largo (Ob. de Ben. 2260.50)	1	2262.50	0.00	25.00	168662.50

Esta figura ilustra las ventajas de este sistema de trading. Por lo general resulta en operaciones ganadoras con gran facilidad. Esto también sucede sin que el trader deba intervenir.

Tal sistema explica en detalle a lo que me refiero cuando digo que los traders solo deberían estar activos en el mercado por una razón: para acumular la mayor cantidad de tics, pips o puntos como sea posible en el menor tiempo posible. Si un trader hace el esfuerzo para realizar tan loca tarea, no debe ser por otra razón que para ganar dinero: permanente, continua y constantemente.

También demuestra que un trader no debe pasar demasiado tiempo haciendo análisis interminables. Puede que este análisis satisfaga su curiosidad intelectual, pero usualmente no llenará sus bolsillos. Sé que los traders o los entrenadores de trading bien intencionados afirman ser disciplinados y dicen manejar operaciones con una alta relación de riesgo-recompensa. Por otro lado, sin embargo, estudios científicos muy bien fundamentados demuestran que solo tenemos una cantidad limitada de fuerza de voluntad (disciplina). Si esta cantidad limitada se agota, nos distraemos con mucha facilidad y usualmente no hacemos lo que estos entrenadores quieren que hagamos. Puedes compararlo con un músculo cuya fuerza disminuye cada vez que entrenas por unos minutos.

Si como trader utilizas toda tu fuerza y concentración en la búsqueda de ganancias, no te quedará mucha energía para controlar las pérdidas. Si, por otro lado, permites que un sistema automatizado genere tus operaciones ganadoras, puedes dedicarte a administrar las pocas operaciones perdedoras. En últimas, de eso se trata el trading.

Conclusión

No he publicado la estrategia presentada para que el lector pueda utilizarla en su negociación. Se puede utilizar de manera automática o semiautomática. Además, es importante tener en cuenta que el backtesting nunca garantiza que los resultados obtenidos en el pasado puedan lograrse en el futuro.

Todo trader que evalúa estrategias siempre debe tener en cuenta esto: una prueba es una prueba. No más, pero tampoco menos. Aunque los resultados de la estrategia sean "buenos", esto no significa que todo trader obtendrá un rendimiento similar. Los mercados están cambiando constantemente, y la curva de aprendizaje de un trader juega un papel decisivo en la rentabilidad final de una estrategia determinada.

Mi mayor deseo en este libro es el de examinar algunas afirmaciones que hacen la mayoría de los libros de trading. Soy consciente de que cuestionar el conocimiento ya establecido no siempre es bien visto, y puede provocar críticas. Sin embargo, ese es mi objetivo. Creo que nada puede ayudar más a la comunidad de trading a crecer que desafiarse a sí misma y obligarse a explorar nuevos horizontes.

¡Te deseo mucho éxito en tus operaciones!

Heikin Ashi Trader

Puedes contactar al autor en la siguiente dirección de correo electrónico: pdevaere@yahoo.de

Glosario

Ajuste de Curva (*Curve Fitting*): adaptación de parámetros al conjunto de datos históricos.

Back Test: identifica el proceso de evaluación de una estrategia mediante la aplicación de datos históricos.

Brecha (*Gap*): Espacio de tiempo entre el cierre de un día de negociación y el comienzo de otro.

Bróker (*Broker*): También llamado agente o corredor. Es un proveedor de servicios financieros responsable de la ejecución de las órdenes de inversión del inversor.

Candelabro (*Candlestick*): codificación de los cambios de precios sobre la base de una tecnología de análisis japonesa.

Comisiones (*Commissions*): costos a pagar en la compra y venta de valores o contratos de futuros.

Configuración Largo/Corto (*Long/Short*): configuración de parámetros que abre posiciones largas y cortas en el sistema.

Configuración Solo largo (*Long Only*): configuración de parámetros que solo abre posiciones largas en el sistema.

Cruce de Medias Móviles (*Crossing Moving Average*): estrategia basada en la intersección de dos indicadores estándar (medias móviles).

Curva de Aprendizaje (*Learning Curve*): describe la tasa de éxito de aprendizaje en el transcurso de un tiempo determinado.

Curva de Capital (*Equity Curve*): representación gráfica del cambio en el valor de una cuenta de trasing sobre un periodo de tiempo.

DAX: índice bursátil alemán.

Deslizamiento (*Slippage*): la diferencia en el precio de operación esperado y el precio al que se ejecutó.

E-Mini: contrato de futuros sobre el Índice estadounidense S&P500.

Estrategia de Entrada (*Entry Strategy*): una estrategia que determina la entrada en un mercado.

Estrategia de Salida (*Exit Strategy*): una estrategia que determina la salida de un mercado.

Expectativa (*Expectation*): cifra que indica el promedio de los resultados cuando el experimento se repite indefinidamente.

Factor de Beneficio (*Profit Factor*): relación entre el beneficio bruto y la pérdida bruta.

Forex: mercado internacional de divisas.

Futuros (*Futures*): contrato estandarizado para comprar o vender una cantidad específica de una mercancía a un precio específico en una fecha futura.

Futuro del Bund (*Bund Future*): se refiere a un bono federal alemán a largo plazo, nocional, con un cupón del 6 por ciento y un vencimiento a 10 años.

Futuro del Eurostoxx50: futuro sobre el índice bursátil europeo, que contiene 50 grandes compañías cotizadas de la zona euro.

Gestión de Riesgos (*Risk Management*): incluye todas las medidas para la identificación, el análisis, la evaluación, el seguimiento y el control sistemáticos de los riesgos.

Gestión de Capital (*Money Management*): una estrategia de valor agregado que tiene como objetivo controlar el riesgo de un portafolio de valores estableciendo el tamaño de las posiciones de negociación individuales.

Gráfico Heikin Ashi (*Heikin Ashi Chart*): forma de representación japonesa de cambios de precios.

Histograma de Rendimiento (*Performance Histogram*): medición de rendimiento para un período de negociación determinado.

Indicador (*Indicator*): Indicador en análisis técnico que se utiliza para determinar los movimientos de precios de valores.

Índice Bursátil (*Equity Index*): indicador de la evolución del precio del mercado de renta variable en su conjunto o en grupos de renta variable individuales (por ejemplo, Dow Jones).

Largo (*Long*): comprar y mantener valores para venderlos a un precio mayor.

Liquidez (*Liquidity*): describe en qué medida un valor se puede vender y comprar en un momento dado.

Media Móvil (*Moving Average*): promedio móvil, indicador.

Optimización (*Optimization*): procesos en matemáticas aplicadas que intentan conseguir parámetros óptimos en un sistema usualmente complejo.

Orden Stop Loss (*Stop Loss Order*): orden de venta que se ejecuta una vez que se alcanza un precio determinado.

Orden de Toma de Beneficios (*Take Profit Order*): orden automatizada que se activa tan pronto como se alcanza un precio objetivo predefinido.

Parada de Tiempo (*Time stop*): orden que cierra automáticamente una posición después de un número determinado de períodos.

Parada de Arrastre (*Trailing stop*): orden de parada que sigue el precio automáticamente a una distancia especificada mientras este se mueva en la dirección deseada.

Patrón de Continuación (*Continuation Pattern*): pausa en la tendencia principal al final de la cual se reanuda la dirección anterior.

Pip: porcentaje en punto, el menor cambio de precio en el trading de divisas.

Posición corta (*Short position*): en el mercado de futuros, cuando un trader vende una posición sin poseerla (venta corta).

Precio objetivo (*Price Target*): precio que un activo debe alcanzar como resultado de un análisis.

Punto de Equilibrio (*Breakeven*): punto en el que el costo total y los ingresos totales son iguales.

Rango de Negociación (*Trading Range*): área de precio en la que se negocia un mercado en un período de tiempo específico (un día, una semana, varios meses).

Relación Riesgo-Recompensa (*Risk-Reward Ratio*): índice que sirve como un indicador de la importancia de una operación. Se calcula dividiendo la rentabilidad esperada por la mayor pérdida posible (stop loss).

Reducción (*Drawdown*): pérdida que puede surgir dentro de un tiempo determinado.

Retroceso (*Retracement*): corrección temporal que va en contra de la tendencia principal.

Reversión media (*Mean-reversion*): la tendencia de un mercado financiero a volver a su promedio después de una posición extrema.

Scalping: Estrategia de trading en la que el operador negocia los movimientos mínimos del mercado.

Seguimiento de tendencia (*Trend following*): estrategia de trading que se centra en el seguimiento de tendencias previamente identificadas.

Sistemas Caja Negra (*Black Box Systems*): programas informáticos que automatizan el trading de valores y cuyos parámetros el usuario no necesita ver o saber para usar el sistema.

S&P 500 (*Standard & Poor's 500*): Un índice bursátil que comprende 500 de las compañías estadounidenses más grandes del mundo.

Tasa de Aciertos (*Hit Rate*): relación entre el número de operaciones ganadoras sobre operaciones perdedoras.

Tic (*Tick*): el menor cambio de precio en un mercado de futuros.

Trading Automatizado o Algorítmico (*Automated or algorithmic trading*): indica la negociación automatizada de valores mediante programas informáticos.

Trading Discrecional (*Discretionary Trading*): enfoque comercial basado en los procesos de análisis subjetivos de un trader si ayuda de robots.

Trading Intradía (*Day trading*): describe el comercio especulativo a corto plazo de valores. Las posiciones se abren y cierran dentro del mismo día de negociación, con el objetivo de beneficiarse de las bajas fluctuaciones de precios.

Trading Semiautomático (*Semi-automatic Trading*): enfoque de negociación donde las decisiones son tomadas en parte por el trading y en parte por el sistema.

USD/JPY: tipo de cambio entre el dólar estadounidense y el yen japonés.

Volatilidad (*Volatility*): desviación estándar. Indicador que especifica la variación en el precio de un mercado.

Vuelta Redonda (Round Turn): transacción completada donde se ha comprado y revendido un activo.

Más libros de Heikin Ashi Trader

Cómo Empezar un Negocio de Trading con $500

Muchos traders que apenas empiezan en el negocio financiero cuentan con poco capital disponible para negociar. Pero esto no es un obstáculo para comenzar una carrera exitosa en el trading.

Sin embargo, este libro no trata sobre cómo convertir una cuenta de $500 en una de $500,000. Son precisamente estas expectativas de retorno exageradas las que llevan a la mayoría de los principiantes al fracaso.

Por el contrario, el autor explica de una manera bastante realista cómo puedes convertirte en trader de tiempo completo a pesar de contar con un capital limitado. Esto aplica tanto para traders que quieran realizar su actividad en privado como para aquellos que eventualmente desean negociar activos financieros en nombre de sus clientes.

Este libro muestra paso a paso cómo hacerlo. Además, contiene un plan de acción concreto para cada paso. En principio, cualquiera puede ser un trader, si él o ella está dispuesto a aprender cómo funciona el negocio.

Tabla de Contenidos

1. ¿Cómo Hacerse Trader Con Tan Sólo $500 En La Cuenta?

2. ¿Cómo Adquirir Buenos Hábitos De Trading?

3. Conviértete En Un Trader Disciplinado

4. El Cuento De Hadas Del Interés Compuesto

5. ¿Cómo Negociar Con Una Cuenta De $500?

6. Trading Social

7. Habla Con Tu Agente

8. ¿Cómo Convertirse En Un Trader Profesional?

9. Negociando Para un Fondo de Cobertura

10. Aprende a Establecer Contactos

11. Conviértete en un Trader Profesional en 7 Pasos

12. $500 es Mucho Dinero

¿Cómo hacer scalping con el futuro del mini DAX?

Gracias a la introducción de los futuros del mini-DAX (símbolo **FDXM**), los traders privados con cuentas más pequeñas tienen ahora la posibilidad de hacer scalping sobre el índice alemán DAX de una manera profesional. A diferencia de la mayoría de instrumentos de trading, los futuros son la forma más transparente y eficaz para ganar dinero en los mercados financieros.

Los scalpers tienen infinitamente más oportunidades a la hora de hacer trading que los traders de posición o los day traders, lo que constituye la verdadera fortaleza de este estilo de negociación. Por consiguiente, el scalper puede gestionar su capital de una manera más eficaz que los demás participantes en el mercado, y de este modo, obtener mejores rendimientos.

En este libro, el Heikin Ashi Trader te muestra cómo hacer scalping exitosamente con el nuevo futuro del DAX. Aprenderás a entrar al mercado, a manejar tu posición y a encontrar el momento preciso para salir. Además, el libro contiene una gran cantidad de consejos y herramientas para hacer de tu trading una práctica aún más eficaz y precisa.

Tabla de Contenidos

1. El EUREX introduce el Futuro del Mini-DAX

2. El DAX Alemán, un Mercado Popular para los Traders Internacionales

3. Las Ventajas del Trading de Futuros

4. El Gráfico Heikin-Ashi

5. ¿Qué es el Scalping?

6. ¿Cuál es la Ventaja de Ser un Scalper?

7. La Configuración Básica del Scalping Heikin Ashi

8. Estrategias de Entrada

9. ¿Tienen Sentido las Re-entradas?

10. Estrategias de Salida

11. ¿Tienen Sentido los Objetivos Múltiples?

12. Cuándo Debes Hacer Scalping (y Cuándo No) con el Futuro del Mini DAX

13. Instrumentos Útiles para los Scalpers

    A.   Colocando Órdenes
    B.   Abrir y Cerrar Órdenes
    C.   Gestionando Órdenes Abiertas
    D.   La Parada de Arrastre como un Instrumento de Maximización de Beneficios

14. Diferentes Órdenes de Parada

    A.   La Parada Fija
    B.   La Parada de Arrastre
    C.   La Parada Lineal
    D.   La Parada de Tiempo
    E.   La Parada Parabólica
    F.   Combinando Paradas
    G.   Paradas Múltiples y Objetivos Múltiples

15. ¡En el Mercado El Dinero se Hace con las Estrategias de Salida!

16. Desarrollo Adicional del Análisis de Mercado

    A.   Niveles Clave de Precios
    B.   Estadísticas en Vivo

Epílogo

Glosario

Más Libros del Heikin Ashi Trader

Sobre el Autor

Sobre el Autor

Heikin Ashi Trader es el seudónimo de un trader con más de 16 años de experiencia en el day trading de futuros y divisas. Se especializa en el scalping y el day trading ultra-rápido. Además de su actividad comercial, también ha publicado múltiples libros en los que enseña sus métodos de negociación. Los temas que trata son: scalping, swing trading y gestión de dinero y riesgo.

Sello Editorial

© 2018 Heikin Ashi Trader

El trabajo que incluye todos los contenidos está protegido por derechos de autor. Todos los derechos reservados. Ninguna parte de esta publicación puede reproducirse o reproducirse de ninguna forma ni por ningún medio, ya sea electrónico, mecánico, fotocopia o de otro modo, sin el permiso expreso por escrito del autor.

Todos los derechos de traducción reservados.

El uso de este libro y la implementación de la información contenida en el mismo son bajo su propio riesgo. El trabajo, incluido todo el contenido, se ha compilado con el mayor cuidado. Sin embargo, los errores de impresión y la desinformación no pueden excluirse por completo. El autor no acepta ninguna responsabilidad por la actualidad, corrección e integridad de los contenidos del libro o por errores de impresión. No puede haber responsabilidad legal de ninguna forma por la información errónea y las consecuencias derivadas del autor. Para el contenido de las páginas de Internet impresas en este libro, los operadores de las respectivas páginas de Internet son los únicos responsables.

Primera edición 2018

Texto: © Copyright de Heikin Ashi Trader

Publicado por:
SPLENDID ISLAND, LLC
Rua Correia Teles, 28 A
1350-100-Lisbon
Portugal

Todos los derechos reservados